Derivate im Bankaufsichtsrecht

Europäische Hochschulschriften

European University Studies

Publications Universitaires Européennes

Reihe II	**Rechtswissenschaft**
Series II	Law
Série II	Droit

Band/Volume **5435**

Dominik Schöneberger

Derivate im Bankaufsichtsrecht

Darstellung, Anwendung und Grundgedanken der Unterlegungspflicht

Bibliografische Information der Deutschen Nationalbibliothek
Die Deutsche Nationalbibliothek verzeichnet diese Publikation in der Deutschen
Nationalbibliografie; detaillierte bibliografische Daten sind im Internet über
http://dnb.d-nb.de abrufbar.

Die Drucklegung dieser Arbeit wurde empfohlen von Prof. Dr. Peter von Wilmowsky,
Goethe-Universität Frankfurt am Main.

ISSN 0531-7312
ISBN 978-3-631-64043-2

© Peter Lang GmbH
Internationaler Verlag der Wissenschaften
Frankfurt am Main 2013
Alle Rechte vorbehalten.

PL Academic Research ist ein Imprint der Peter Lang GmbH
Peter Lang – Frankfurt am Main · Berlin · Bruxelles · New York · Oxford · Warszawa · Wien

Das Werk einschließlich aller seiner Teile ist urheberrechtlich geschützt.
Jede Verwertung außerhalb der engen Grenzen des Urheberrechtsgesetzes ist
ohne Zustimmung des Verlages unzulässig und strafbar.
Das gilt insbesondere für Vervielfältigungen, Übersetzungen, Mikroverfilmungen
und die Einspeicherung und Verarbeitung in elektronischen Systemen.

www.peterlang.de

Inhaltsverzeichnis

- A. Einführung 1
  - I. Hintergrund 1
  - II. Derivate 3
    1. Allgemein 3
    2. Rechtliche Behandlung 5
  - III. Erscheinungsformen 8
    1. Future / Forward 8
    2. Option 9
    3. Swap 10
- B. Die Eigenmittelunterlegungspflicht 13
  - I. Allgemeines 13
    1. Prinzipien der Eigenmittelanforderungen 13
    2. Risiken aus Derivaten 14
    3. Anrechnung als Eigenmittel 16
  - II. Adressrisiken 17
    1. Übersicht 17
    2. Bemessungsgrundlage 19
    3. Gewichtung 30
    4. Verbriefungen 38
  - III. Marktrisiko 42
    1. Berücksichtigung von Derivaten 43
    2. Fremdwährungs-Risikopositionen 45

3. Rohwaren-Risikopositionen ... 47

4. Handelsbuch-Risikopositionen ... 49

5. Andere Marktrisikopositionen ... 54

6. Eigene Risikomodelle ... 55

IV. Operationelles Risiko ... 56

C. Offenlegungsanforderungen ... 59

D. Ausblick ... 61

Anhang A: Beispielrechnungen ... VII

Anhang B: Tabellen ... XVIII

Anhang C: Formeln und Herleitungen ... XXIV

Literaturverzeichnis ... XXXVII

A. Einführung

I. Hintergrund

Die Krise an den globalen Finanzmärkten legte bestehende Schwächen in der Bankenaufsicht offen und rückte die Regulierung des Finanzsektors in das Zentrum der Diskussion. Das von der Bankenaufsicht verfolgte Ziel, ein stabiles Bankensystem zu gewährleisten und die Insolvenzgefahr für Banken zu reduzieren wurde weit verfehlt. Der Zusammenbruch des Immobilienmarktes in den USA verursachte Verwerfungen, die viele Banken in die Insolvenz zwangen und eine staatliche Intervention in bisher unbekanntem Umfang erforderlich machte. Eine wesentliche Rolle nahmen dabei Derivate ein, mit deren Hilfe das Ausfallrisiko von Immobilienkrediten aus den USA über die gesamte Welt verteilt wurde.[1]

Um die Widerstandsfähigkeit des Finanzsystems zu stärken wurde eine Vielzahl von Maßnahmen ergriffen. Einerseits wurden Änderungen im WpHG vorgenommen um ungedeckte Leerverkäufe in Aktien und Schuldtiteln, die von Eurostaaten ausgegeben wurden, zu verbieten und den Handel mit Kreditderivaten stark einzuschränken.[2] Andererseits wurden vor dem Hintergrund der neu gewonnenen Erkenntnisse Anpassungen im Bereich des Bankaufsichtsrechtes vorgenommen.

Das Bankaufsichtsrecht besteht aus drei Säulen. Als erste Säule und zentrales Element besteht die Verpflichtung von Instituten, für Risiken eine Mindestquote an Eigenmitteln vorzuhalten. Damit soll gewährleistet werden, dass im Falle der Realisierung einiger Risiken, also des Eintritts eines Verlustes, hinreichend Eigenkapital zur Verfügung steht um eine Fortführung der Bank sicher zu stellen.[3] Die Unterlegungspflicht schafft darüber hinaus Anreize, ein hochwertiges Risikomanagementsystem zu implementieren und Risiken zu reduzieren.

---

1 *Deutscher Bundestag*, Drucksache 17/1952, S. 7; *Litten/Bell*, Kreditderivate – Neue Dokumentations-Standards als Reaktion auf die globale Finanzmarktkrise, S. 1109; *Litten/Bell*, Regulierung von Kreditderivaten im Angesicht der globalen Finanzmarktkrise, S. 314.
2 Vgl. neu eingefügte §§ 30h, 30j WpHG; dazu *Diekmann/Fleischmann*, Der Verordnungsentwurf der Europäischen Kommission für den OTC-Derivatemarkt, S. 1107; *Möllers/Christ/Harrer*, Das neue Gesetz zur Regelung ungedeckter Kreditderivate, S. 1124.
3 *Waschbusch*, Bankenaufsicht, S. 179.

Durch die Höhe der notwendigen Eigenmittel können die Kosten und damit die Rentabilität von Geschäften gesteuert werden. Wenn Risiken verstärkt mit Eigenkapital unterlegt werden müssen, muss die Bank neues Eigenkapital aufnehmen wofür die Eigenkapitalgeber eine risikoadäquate Rendite erwarten, sodass der Gewinn des jeweiligen Geschäftes sinkt. Der Gesetzgeber kann damit durch veränderte Vorschriften die Attraktivität von riskanten Geschäften steuern.

Als zweite Säule der Bankenaufsicht bestehen qualitative Überprüfungsverfahren durch die BaFin. Damit wird ein direkter Eingriff der BaFin in die Bankgeschäfte ermöglicht, um die Stabilität des Finanzsystems zu gewährleisten. Als dritte Säule bestehen für Institute Offenlegungspflichten gegenüber dem Markt um die Markteffizienz zu erhöhen und die Marktdisziplin zu stärken.[4]

Ziel der Arbeit ist vor diesem Hintergrund die Untersuchung der bankaufsichtsrechtlichen Behandlung von Derivaten, die wie kein anderes Finanzinstrument die Krise geprägt haben. Dazu wird im Folgenden eine Einführung in die Natur derivativer Geschäfte vorgenommen und einige Grundtypen werden vorgestellt (sogleich II.). Im Hauptteil der Arbeit werden die Pflicht zur Eigenmittelunterlegung von derivativen Risiken dargestellt und deren Prinzipien erläutert (B.). Zuletzt werden dann die die wesentlichen Offenlegungspflichten kurz zusammengefasst (C.).

Die Behandlung von Derivaten im Bankaufsichtsrecht ist in den Details sehr technisch, da sie auf komplexen finanzmathematischen Methoden und Modellen aufbaut. Erläuterungen zu den Methoden und Modellen in den Text einzubetten, würde aber das Ziel verfehlen, eine bündige Darstellung der Behandlung von Derivaten im Bankaufsichtsrecht zu geben. Weil die finanzmathematischen Hintergründe für das Verständnis dennoch wichtig sind, werden Berechnungsbeispiele, sowie vertiefende Hinweise und Herleitungen in Anhängen gegeben, auf die jeweils im Text verwiesen wird.

---

4 *Derleder/Knops/Bamberger*, Handbuch zum deutschen und europäischen Bankrecht, § 63, Rn. 2 f.; *Heitfield*, Using guarantees and credit derivatives to reduce credit risk capital requirements under the New Basel Capital Accord, S. 454.

II. Derivate

1. Allgemein

Derivate[5] sind Finanzmarktinstrumente, deren Wert von einem bestimmten Bezugsgegenstand oder einer bestimmten Bezugsgröße, dem sogenannten Basiswert[6], abgeleitet wird.[7] Als Basiswert können hierbei beispielsweise Aktien oder Indizes (Finanzderivate), Zinstitel (Kreditderivate) oder Rohstoffe (Warenderivate) dienen. Im Zeitverlauf hat sich neben den klassischen Derivaten der Option, des Futures und des Swaps eine Vielzahl von exotischen Derivaten gebildet. Diese ermöglichen eine nahezu beliebige Kombinierbarkeit von unterschiedlichen Eigenschaften.[8]

Innerhalb von Derivaten lässt sich zwischen solchen mit einer tatsächlichen Lieferung des Basiswertes und solchen, die einen Barausgleich am Ende der Laufzeit vorsehen, unterscheiden. Wirtschaftlich betrachtet ist die Art der Abwicklung (Settlement) weitgehend irrelevant, setzt man liquide Märkte voraus. Wenn der Käufer beispielsweise einen Barausgleich vereinbart hat, aber den Basiswert tatsächlich benötigt, kann er ihn mit der Zahlung aus dem Derivat jederzeit am Markt erwerben. Auch regulatorisch werden beide Abwicklungsarten gleich behandelt.

Weiterhin lassen sich Derivate auch durch die Art des Abschlusses voneinander unterscheiden. Neben dem börslichen Handel findet im Derivategeschäft ein großer Teil des Handels außerhalb des regulierten Marktes als OTC[9]-Transaktionen statt. So betrug der Umfang ausstehender Kontrakte im Juni 2011 laut der Bank for International Settlements (BIS) über 700 Billionen US-Dollar.[10] Die Regulierung von OTC-Geschäften bereitet zusätzliche Schwierigkeiten, da über Handelsumfang und die beteiligten Parteien oft kaum belastbare Daten vorliegen. In Anbetracht dieser Umstände hat die Europäische Kommission im Nachgang der Finanzkrise einen Vorschlag für eine Ver-

---

5 Der Begriff „Derivat" kommt vom lateinischen Wort derivare (ableiten).
6 Auch Referenzinstrument genannt.
7 *Berg*, Kreditderivate im deutschen Privatrecht, S. 43; *Clouth*, Rechtsfragen der außerbörslichen Finanz-Derivate, S. 7 m.w.N.
8 Vgl. *Hull*, Options, Futures and other Derivatives, S. 574 f; *Deutsch*, Derivate und Interne Modelle, S. 335 f.
9 Over the counter.
10 *Bank for International Settlements*, Semiannual OTC derivatives statistics, S. 19.

ordnung unterbreitet, die durch Informationspflichten und die Einführung einer zentralen Clearingstelle die Transparenz auf dem OTC-Markt erhöhen soll.[11] Wirtschaftlich betrachtet dienen Derivate vorrangig dem Risikotransfer.[12] Sie ermöglichen es, sich gegen verschiedene Preisbewegungen des Basiswertes abzusichern.[13] Eine ähnliche Funktion erfüllen auch Kreditderivate. Mit deren Hilfe lässt sich das Ausfallrisiko eines oder mehrerer Kredite vom allgemeinen Marktrisiko[14] abspalten und an andere Investoren im Markt verkaufen.[15] Damit wird typischerweise eine Risikodiversifikation erreicht, die das Risiko des einzelnen Marktteilnehmers reduziert und damit wertschöpfend ist.[16]

Neben der Absicherung gegen bestimmte Risiken können mittels Derivaten auch gezielt bestimmte Risiken aufgenommen werden, ohne die sonst nötigen, teilweise mit hohen Transaktionskosten verbundenen, Geschäfte über die Basiswerte abschließen zu müssen. In diesen Fällen wird das Derivategeschäft abgeschlossen, um an einer vorteilhaften Entwicklung des Basiswertes zu partizipieren. Derart spekulative Derivategeschäfte bringen nach einer Ansicht keinen ökonomischen Nutzen, sondern sorgen nur für zusätzliche Unsicherheit.[17] Diese Ansicht verkennt aber die wirtschaftlich wertvollen Aspekte von spekulativen Geschäften. So erhöht Spekulation die Liquidität und senkt damit die Transaktionskosten für die Marktteilnehmer. Auch treten Spekulanten als Vertrags-

---

11 *Europäische Kommission*, KOM (2010) 484.
12 *Bloss/Ernst/Häcker*, Derivatives, S. 6.
13 Benötigt ein Importeur beispielsweise nach einem halben Jahr 1 Mio. USD, so ist er dem Risiko ausgesetzt, dass sich der Wechselkurs für ihn nachteilig verändert und das Vorhaben unrentabel wird. Um sich gegen dieses Risiko abzusichern, kann er einen Future-Kontrakt über 1 Mio. USD mit Laufzeit von einem halben Jahr schon heute abschließen und sich somit gegen das Risiko absichern; siehe dazu allgemein Albrecht, Maurer, Investment und Risikomanagement, S. 557.
14 Kredite beinhalten typischerweise ein Adressausfallrisiko und ein Marktrisiko. Einerseits kann die Gegenpartei ausfallen, indem sie nicht in der Lage ist, den Kredit zurückzuzahlen. Andererseits kann ein Kredit mit einem festen Zinssatz auch durch eine Erhöhung des allgemeinen Zinssatzes an Wert verlieren. Ein möglicher Käufer des Kredites würde in diesem Fall weniger als den Nominalwert zahlen, da er für den Nominalwert am Markt einen höheren Zinssatz erhielte und nur bei Zahlung eines geringeren Betrages eine vergleichbare Rendite erzielt werden kann.
15 *Bösch*, Derivate, S. 253 f.
16 *Hull*, Risk Management and Financial Institutions, S. 15.
17 *Lipke*, Globalisierung von Finanzdienstleistungen, S. 63; so wohl auch *Deutscher Bundestag*, Drucksache 17/1952, S. 8.

partner von Absicherungsnehmern auf und ermöglichen damit erst das Absicherungsgeschäft. Nicht zuletzt sorgen sie auch für eine höhere Markttransparenz.[18]

2. Rechtliche Behandlung

Der Begriff des Derivates wird sowohl in § 2 II WpHG, als auch in § 1 XI KWG definiert. Für Kreditderivate enthält § 19 Ia KWG eine Sondervorschrift zu § 1 XI KWG. Während die Definition des WpHG insbesondere für die Meldepflichten und das Handelsverbot von Derivaten herangezogen werden muss, sind die Definitionen des KWG vorrangig für die Eigenmittelunterlegung und Zulassungsfragen relevant. Durch das Finanzmarkt-Richtlinien-Umsetzungsgesetz[19] wurden beide Derivatebegriffe vereinheitlicht und der Anwendungsbereich erweitert um eine vollständige Regulierung zu gewährleisten.[20]

Zur Abgrenzung eines Derivats ist nach der Legaldefinition des § 1 XI KWG der Begriff des Termingeschäfts ausschlaggebend. Das Termingeschäft wird darin als Kauf, Tausch oder anderweitig ausgestaltetes Festgeschäft oder Optionsgeschäft definiert, das zeitlich verzögert zu erfüllen ist und dessen Wert sich unmittelbar oder mittelbar vom Preis oder Maß eines Basiswertes ableitet. Damit sind sowohl börsliche als auch außerbörsliche Kontrakte erfasst. Auch ist nicht von Bedeutung, ob eine tatsächliche Lieferung oder ein Barausgleich stattfinden soll.[21] Damit werden die von der Wissenschaft entwickelten Kernelemente zur Definition eines Termingeschäftes nur zum Teil von der Legaldefinition übernommen. So wird von wissenschaftlicher Seite aus neben einem aufgeschobenen Erfüllungszeitpunkt, auch eine Hebelwirkung[22] und eine Nachschusspflicht als wesentlich erachtet.[23] Der Gesetzgeber hingegen hat sich auf die klar definierbaren Elemente der aufgeschobenen Erfüllung und der Ab-

---

18 *Knoll*, Vom Wert der Blase – Die Funktion von Spekulation in der Marktwirtschaft, S. 116; *Hicks*, Value and Capital, S. 138; auch schon *Keynes*, Vom Gelde, S. 411 f.
19 Gesetz zur Umsetzung der Richtlinie über Märkte für Finanzinstrumente und der Durchführungsrichtlinie der Kommission vom 16.07.2007 BGBl. I, S. 1330.
20 *Deutscher Bundestag*, Drucksache 16/4028, S. 54 + 57.
21 Schwark- *Kumpan*, KMRK-WpHG, § 2, Rn. 34.
22 Darunter versteht man die überproportionale Teilnahme an Kursentwicklungen im Vergleich zum Halten des Basiswertes.
23 Boos- *Schäfer/Tollmann*, KWG , § 1, Rn. 223; *Assmann/Schütze*, Handbuch des Kapitalanlagerechts, § 19, Rn. 24.

hängigkeit von einem Basiswert beschränkt. Die weiteren Risikoelemente werden aber in der Regel bei Instrumenten, die der Legaldefinition unterfallen, ebenfalls erfüllt sein.

Innerhalb des § 1 XI S. 4 KWG[24] wird nach Art des Basiswertes unterschieden. Unter § 1 XI S. 4, Nr. 1 KWG[25] fallen Termingeschäfte mit Bezug auf Wertpapiere oder Geldmarktinstrumente, Devisen oder Rechnungseinheiten und Zinssätze oder andere Erträge. Unter Nummer eins fallen somit klassische Finanzderivate. Auch Termingeschäfte mit Bezug auf Indizes der klassischen Basiswerte und Derivate werden ausdrücklich erfasst. Damit werden auch neuere Entwicklungen auf dem Derivatemarkt abgedeckt.

Weiterhin werden nach § 1 XI, S. 4, Nr. 1 KWG[26] Termingeschäfte auf Waren, physikalische oder volkswirtschaftliche Variablen sowie sonstige Vermögenswerte, Indizes oder Messwerte und nach § 1 XI, S. 4, Nr. 5 KWG[27] auch auf Basiswerte des Art. 39 der EG-VO 2006/1287, wie Lagerkapazitäten oder Transportkapazitäten, erfasst. Im Gegensatz zu den klassischen Finanzderivaten müssen bei diesen Instrumenten aber die zusätzlichen Voraussetzungen des § 1 XI, S. 4, Nr. 2 a)-c) KWG[28] vorliegen und es darf sich nicht um ein Kassageschäft nach Art. 38 Abs. 2 der genannten EG-VO handeln.[29] Da Kassageschäfte schon nicht von der Definition des Termingeschäfts erfasst sind, wäre diese Einschränkung nicht notwendig gewesen. Durch die zusätzlichen Voraussetzungen nach § 1 XI, S. 4, Nr. 2 a)-c) KWG[30] werden außerbörsliche Geschäfte ausgeschlossen, die nicht auf einen Barausgleich gerichtet sind. Die zusätzlichen Voraussetzungen dienen dazu, nur solche Geschäfte zu erfassen, die nicht der direkten Absicherung von Produzenten der entsprechenden Basiswerte dienen.[31]

Als Derivate gem. § 2 II WpHG gelten ebenfalls finanzielle Differenzgeschäfte und Kreditderivate. Bei ersteren, den sogenannten contracts for difference, handelt es sich um Verträge, die eine Kursentwicklung eines Basiswertes nach-

---

24 Äquivalent unter § 2 II WpHG.
25 Äquivalent unter § 2 II Nr. 1 WpHG.
26 Äquivalent nach § 2 II Nr. 2 WpHG.
27 Äquivalent nach § 2 II Nr. 5 WpHG.
28 Äquivalent nach§ 2 II Nr. 2 a)-c) WpHG.
29 § 1 XI, S. 4, Nr. 2, 2. HS: „und sofern sie keine Kassageschäfte im Sinne des Artikels 38 Abs 2 der Verordnung (EG) Nr. 1287/2006 sind".
30 Äquivalent nach § 2 II Nr. 2 a)-c) WpHG.
31 So wohl auch *BaFin*, Merkblatt Stromhandel.

vollziehen und jeweils einen Barausgleich der Differenz zum Vortag vorsehen.[32] Damit kann ohne den Kauf des Basiswertes an der Wertentwicklung partizipiert werden. Derartige Kontrakte fallen nicht unter die Definition von Termingeschäften, da sie keine Fälligkeit haben, sondern unbegrenzt laufen, und somit separat erfasst werden müssen.[33] Mit der expliziten Aufführung von Kreditderivaten in der Legaldefinition hat der Gesetzgeber die zuvor umstrittene Frage, ob auch Kreditderivate unter die Derivatedefinition des WpHG fallen, ausdrücklich bejaht. Dies wurde für die vorherige Fassung des § 1 KWG unterschiedlich beurteilt, da der Ausfall des Kreditnehmers unter keinen der dort aufgeführten Basiswerte subsumiert werden konnte.[34]

Neben der Definition in § 1 XI KWG, die derjenigen des WpHG entspricht, findet sich in § 19 Ia KWG eine weitere Vorschrift zur Abgrenzung von Derivaten. Während erstere insbesondere für die Frage relevant ist, ob eine Bankerlaubnis für die Geschäfte nach § 32 KWG benötigt wird, wird auf die Definition in § 19 KWG aus § 11 SolvV verwiesen, sodass diese für die Eigenkapitalunterlegung herangezogen werden muss.[35] Dieser unterschiedliche Zweck veranlasste den Gesetzgeber dazu, in § 19 Ia KWG einen offeneren und risikoorientierteren Derivatebegriff zu verwenden, während in § 1 XI KWG ein eher formaler, eindeutig abgrenzbarer Derivatebegriff Verwendung findet.[36]

Unabhängig von der Art des Basiswerts sind Derivate iSd § 19 KWG alle Festgeschäfte oder Optionsgeschäfte, deren Wert durch den Basiswert bestimmt wird und sich infolge eines für wenigstens einen Vertragspartner zeitlich hinausgeschobenen Erfüllungszeitpunkt künftig ändern kann. Somit fallen unter diese Definition auch alle Barausgleichs- bzw. Differenzengeschäfte, sowie gleichermaßen Geschäfte auf einem organisierten Markt und OTC-Geschäfte.Die offene Definition ermöglicht es, der schnellen Entwicklung im Bereich derivativer Finanzinnovationen Rechnung zu tragen und eine umfangreiche Einbeziehung dieser Instrumente zur Eigenkapitalunterlegung zu gewährleisten.[37]

---

32 Schwark- *Kumpan*, KMRK-WpHG, § 2, Rn. 48.
33 Schwark- *Kumpan*, KMRK-WpHG, § 2, Rn. 48.
34 *Assmann/Schütze*, Handbuch des Kapitalanlagerechts, § 19, Rn. 20.
35 Luz- *Konesny*, Engelhard, KWG, § 19, Rn.38.
36 Luz- *Konesny*, Engelhard, KWG, § 19, Rn.38.
37 Luz- *Konesny*, Engelhard, KWG § 19, Rn.36.

III. Erscheinungsformen

Derivate tauchen in den unterschiedlichsten Varianten auf, von einem einfachen Future bis zu Lookback- oder Shout-Optionen ergibt sich eine schier unüberschaubare Anzahl an möglichen Erscheinungsformen. Im Folgenden werden ausschließlich die drei geläufigsten Gruppen von Derivaten kurz erläutert. Eine Vielzahl anderer Derivatetypen baut auf diesen Grundformen auf und wird daher regulatorisch in vergleichbarer Weise gehandhabt, sodass eine nähere Darstellung für die Zwecke der Arbeit dahinstehen kann.

1. Future / Forward

Forwards und Futures gehören der Kategorie der Festgeschäfte an. Beide Vertragspartner (Käufer und Verkäufer) gehen eine bindende Vereinbarung ein. Der Käufer verpflichtet sich den Basiswert am Erfüllungstag abzunehmen und den vereinbarten Kaufpreis zu zahlen und der Verkäufer verpflichtet sich den Basiswert zu liefern.[38] Futures unterscheiden sich von Forwards regelmäßig ausschließlich dadurch, dass erstere standardisierte Verträge darstellen, die an einem regulierten Markt gehandelt werden, während Forwards meist als OTC-Geschäfte abgeschlossen werden.[39]

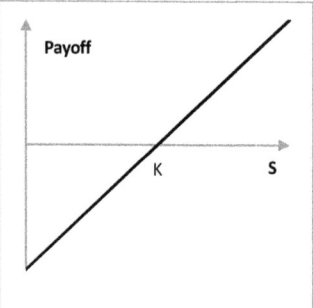

Abb 1: Payoff Future long

Die Zahlungsrisiken von Forwards und Futures sind symmetrisch verteilt.[40] Der Käufer ist der Gefahr ausgesetzt, dass der Basiswert günstiger wird und der Verkäufer, dass sich der Basiswert verteuert.

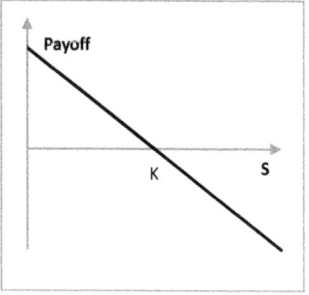

Abb 2: Payoff Future short

Die Abbildungen 1 und 2 verdeutlichen den Wert einer Future-Position in Abhängigkeit von dem Preis seines Basiswertes (S). Für den Käufer eines Futures (Abb. 1) steigt der Wert mit dem Preis des Basiswertes. Er erhält den Basiswert zum vereinbarten Kaufpreis (K), obwohl er auf dem Kassamarkt

---

38 *Zerey*, Finanzderivate, §16, Rn. 8; *Steinbrenner*, Professionelle Optionsgeschäfte, S. 18.
39 *Hull*, Options, Futures and other Derivatives, S. 7.
40 *Reiner*, Derivative Finanzinstrumente im Recht, S. 3.

mehr dafür zahlen müsste. Die Position des Verkäufers (Abb. 2) verschlechtert sich hingegen bei steigendem Preis des Basiswertes. Er erhält nur den vereinbarten Kaufpreis, obwohl er auf dem Kassamarkt mehr erhalten könnte.[41]

Die Position in einem Future ist der Kursschwankung des Basiswertes in gleicher Weise ausgesetzt, wie die Position in dem dazugehörigen Basiswert. Somit findet auch regulatorisch eine weitgehende Gleichbehandlung von Future-Positionen und Basiswert-Positionen statt. Der Verkäufer eines Futures kann eine Position in dem Basiswert absichern (hedgen). Unabhängig vom Marktwert kann er diese Position zu einem festgelegten Preis veräußern und ist diesbezüglich somit keinem Marktrisiko mehr ausgesetzt. Auf diese Weise kann ein Future auch zur Verringerung der Unterlegungspflicht führen.

2. Option

Optionen stellen ein Recht, aber keine Pflicht dar, einen Basiswert zu einem vorher vereinbarten Preis (K) zu erwerben (Call-Option) oder zu veräußern (Put-Option).[42] Der Verkäufer einer Option erhält typischerweise eine Prämie vom Käufer. Damit ist das Risiko nicht mehr symmetrisch. Während der Käufer einer Option ein auf die Optionsprämie beschränktes Verlustrisiko, dafür aber eine hohe Gewinnchance innehat, liegt bei dem Verkäufer nur die Prämie als Gewinnmöglichkeit, dafür aber das gesamte Verlustrisiko vor.[43]

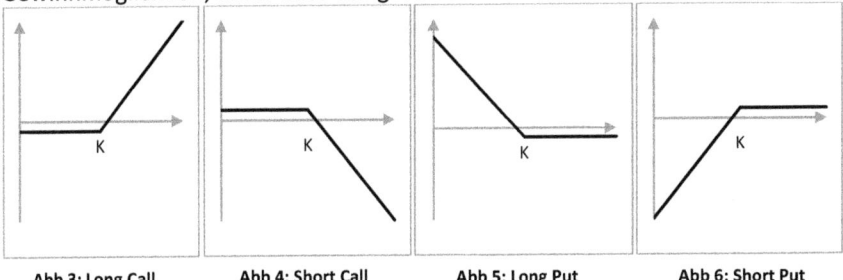

Abb 3: Long Call   Abb 4: Short Call   Abb 5: Long Put   Abb 6: Short Put

Die Abbildungen 3-6 zeigen den Wert der jeweiligen Position. Regulatorisch betrachtet haben Optionen teilweise die Eigenschaften eines Futures.[44] Befin-

---

41 *Hull*, Options, Futures and other Derivates, S. 6.
42 *Lehmann*, Finanzinstrumente, S. 91; *Steinbrenner*, Professionelle Optionsgeschäfte, S. 26.
43 *Reiner*, Derivative Finanzinstrumente im Recht, S. 3.
44 Vgl. *Steinbrenner*, Professionelle Optionsgeschäfte, S. 43 ff.

det sich die Option weit im Geld, wird sie also mit höchster Wahrscheinlichkeit ausgeübt, ist sie mit einem Future vergleichbar. Dies wird durch die Abbildungen verdeutlicht: Befindet sich der Kurs des Basiswertes bei einem Call (Abb 3+4) sehr weit über dem Ausübungspreis (K), dann ist die Käuferposition des Calls mit der Käuferposition des Futures vergleichbar. Befindet sich der Kurs des Basiswertes eines Puts (Abb. 5+6) sehr weit unterhalb des Ausübungspreises, dann ist die Käuferposition des Put mit der Verkäuferposition des Futures vergleichbar. Befindet sich die Option hingegen weit aus dem Geld, wird voraussichtlich keine Ausübung stattfinden und die Position ist weitgehend risikolos für beide Seiten.

Somit wird intuitiv deutlich, weshalb eine risikoadäquate Eigenkapitalunterlegung an den Kurs des Basiswertes im Verhältnis zum Ausübungspreis anknüpft. Ist eine Position weit im Geld, ist die Unterlegung mit derjenigen eines Futures vergleichbar, ist eine Position weit aus dem Geld muss keine Unterlegung stattfinden.[45]

3. Swap

Swaps sind Verträge, in denen sich beide Seiten verpflichten eine vorher definierte Leistung auszutauschen. Einen typischen Anwendungsbereich von Swaps stellen Zinssätze dar.[46] Dabei wird regelmäßig ein fester Zinssatz gegen einen variablen Zinssatz getauscht. Hat eine Bank beispielsweise einen Kredit mit einem Kunden zu einem festen Zinssatz abgeschlossen, kann sie mit einem Vertragspartner vereinbaren, diesen festen Zinsbetrag zu zahlen und dafür einen variablen Zinsbetrag zu erhalten, der sich an der Höhe des EURIBOR[47] orientiert.[48] Steigt der Zinssatz in der Folge, erhält die Bank aus dem Swap-Agreement netto Zahlungen vom Vertragspartner, sinkt der Zinssatz muss sie netto die Differenz aus dem festen Zinssatz und dem variablen Zinssatz zahlen. Der Wert des ursprünglichen Darlehens entwickelt sich bei einer Zinsänderung entgegengesetzt.[49] Mithin wäre die Bank durch einen derartigen Swap gegen das Zinsrisiko aus dem Darlehen abgesichert.

---

45 Eine technische Herleitung erfolgt in Anhang C.1.
46 *London*, Modeling Derivatives Applications in Matlab, C++ and Excel, S. 1.
47 Euro InterBank Offered Rate; alternativ wird auch häufig der LIBOR (London InterBank Offered Rate) verwandt.
48 *Rainer*, Derivative Finanzinstrumente im Recht, S. 2.
49 Die zukünftige Rückzahlung wird bei einem erhöhten Zinssatz stärker abgezinst und ist

Swaps werden auch häufig zur Absicherung von Währungsrisiken verwendet, indem der Zinssatz einer Währung gegen den Zinssatz einer anderen Währung getauscht wird.[50] Aufgrund ihrer Rolle in der Finanzmarktkrise und im Bereich der synthetischen Verbriefungen[51] sollen hier auch Kreditderivate am Beispiel des Credit Default Swaps (CDS) kurz dargestellt werden. Diese dienen der Absicherung des Adressausfallrisikos eines Schuldners von Krediten, Anleihen etc. (Emittent). Ein Vertragspartner (Sicherungsnehmer) zahlt dabei eine feste Gebühr, die entweder zu Beginn der Laufzeit einmalig oder periodisch fällig wird.[52] Der andere Vertragspartner (Sicherungsgeber) zahlt im Falle des Ausfalls des Emittenten des Basiswertes den dadurch eintretenden Verlust.[53] Mit Hilfe dieses Instrumentes lässt sich somit das Adressausfallrisiko transferieren, ohne die zugehörigen Kredite selbst veräußern zu müssen.[54] Diesen Umstand haben in der Finanzkrise einige Banken genutzt, um in großem Maße Kreditrisiken von Kunden mit geringer Bonität zu übertragen. In der Folge des Zusammenbruchs des US-Hypothekenmarktes realisierten sich diese Kreditrisiken und es erwuchsen hohe Zahlungsverpflichtungen aus den betroffenen CDS, die wiederum die Käuferbanken an den Rand der Insolvenz brachten. Ein weiterer Anwendungsbereich von CDS ist die Absicherung von Ausfallrisiken verschiedener Staaten. Allerdings lässt sich mit Hilfe dieses Instrumentes nicht nur ein Ausfallrisiko versichern, sondern es ist ebenfalls möglich auf den Ausfall des betroffenen Staates zu wetten. Dies führte in der Folge der Euro-Krise zu einer strengen Reglementierung in diesem Bereich.

Zur Bestimmung der Eigenkapitalunterlegung werden Swaps in ihre beiden Bestandteile zerlegt. Beispielsweise lässt sich der zuvor geschilderte Zinsswap in einen Teil zerlegen, der die Zahlungsverpflichtung eines festen Zinssatzes für die Bank darstellt und einen Zahlungsanspruch in Höhe des variablen Zinssatzes. Damit gleicht das Risiko des Swaps einer Käuferposition in einer Anleihe

---

somit heute weniger wert. Somit sinkt der Wert des Darlehens in Folge einer Steigung des Zinssatzes.
50 Vgl. *Hull*, Options, Futures and other Derivatives, S. 165 ff.
51 Dazu näher in Kapitel B.II.4; vgl. auch *Frederick*, Proposed regulatory changes on the treatment of over-the-counter derivatives, S. 27.
52 *Berg*, Kreditderivate im deutschen Privatrecht, S. 68.
53 *Hull*, Options, Futures and other Derivatives, S. 548; *Berg*, Kreditderivate im deutschen Privatrecht, S. 63.
54 *Schaber/Rehm/Märkl*, Handbuch strukturierte Finanzinstrumente, S. 19.

mit einem variablen Zinssatz und Verkäuferposition in einer Anleihe mit einem festen Zinssatz.[55] Eine risikoadäquate Unterlegung erfordert folglich auch die gleiche Unterlegungspflicht für einen Swap und die beiden genannten Positionen.

---

[55] Für die nähere Darstellung wird auf Kapitel B.III.4.a) verwiesen.

B. Die Eigenmittelunterlegungspflicht

I. Allgemeines

Die Eigenmittelunterlegungspflicht stellt einen wesentlichen Bestandteil des Bankaufsichtsrechts dar. Neben strengen Zulassungsvoraussetzungen zum Erhalt einer Banklizenz müssen zu jedem Zeitpunkt die Anforderungen an eine ausreichende Eigenkapitaldeckung erfüllt sein. Davon sind Derivate aufgrund ihres besonderen Risikos, aber auch ihrer Absicherungsfunktion in großem Maße betroffen.

1. Prinzipien der Eigenmittelanforderungen

Eigenmittelanforderungen werden gemäß § 10 I KWG an Banken gestellt, um die Erfüllung ihrer Verpflichtungen gegenüber den Gläubigern zu gewährleisten. Das Bankwesen beruht in hohem Maße auf einem Vertrauen in die Solvabilität des Geschäftspartners. Eine Erschütterung dieses Vertrauens kann schwerwiegende Konsequenzen für die Gesamtwirtschaft nach sich ziehen.[56] Um diese negativen Effekte zu vermeiden, wurde für Banken im Rahmen der Baseler Abkommen eine Mindestkapitalunterlegung von Risiken vereinbart. Diese Vereinbarungen wurden in der Folge vom deutschen Gesetzgeber im KWG und in der Solvabilitätsverordnung (SolvV)[57] umgesetzt. Damit soll eine Eigenkapitaldecke gewährleistet werden, die als Puffer für unerwartete Verluste dient.[58]

Eine weitere Funktion des Eigenkapitals ist die Risikobegrenzungsfunktion.[59] Durch die Pflicht zur Unterlegung von Risiken mit Eigenkapital wird die Aufnahme von Risiken quantitativ beschränkt. Einerseits kann eine Bank nicht unbegrenzt Eigenkapital aufnehmen, andererseits ist Eigenkapital kostenintensiv, sodass die Risikoaufnahme damit verteuert wird.

---

56 *Neubäumer*, Ursachen und Wirkungen der Finanzkrise – eine ökonomische Analyse, S. 732 f.; Waschbusch, Bankenaufsicht, S. 26.
57 Verordnung über die angemessene Eigenmittelausstattung von Instituten, Institutsgruppen und Finanzholding-Gruppen vom 14.12.2006, BGBl. I S. 2926.
58 *Waschbusch*, Bankenaufsicht, S. 179.
59 *Waschbusch*, Bankenaufsicht, S. 179.

Eine Bank ist im laufenden Geschäft typischerweise drei Risikotypen ausgesetzt: Dem Adressausfallrisiko (Kapitel B II.), dem Marktrisiko (Kapitel B III.) und dem operationellen Risiko (Kapitel B IV.). Alle drei Kategorien müssen nach der gem. § 10 I S. 9 KWG von der BaFin erlassenen SolvV mit Eigenkapital unterlegt werden.[60] Prägender Grundsatz in der Solvabilitätsverordnung ist die Risikoadäquanz der Unterlegung. Jede Position des Institutes soll in dem Verhältnis mit Eigenkapital unterlegt werden, mit dem sie zu ihrem Risiko beiträgt. Typischerweise muss ein Institut hinreichend Eigenkapital vorhalten, um eine Realisierung von etwa 8% seiner Risiken verkraften zu können.[61]

2. Risiken aus Derivaten

Die Eigenmittelunterlegungspflicht von Derivaten richtet sich ebenfalls nach den geschilderten Risikokategorien.

Im Bereich der Adressrisiken ergibt sich die Besonderheit, dass Derivaten teilweise nach § 13 II SolvV zwei unterschiedliche Adressrisiken gleichzeitig zugrunde liegen. Jedes Derivat ist einem Kontrahentenrisiko ausgesetzt, welches nach § 11 SolvV zu unterlegen ist. Unter einem Kontrahentenrisiko versteht man das Risiko, dass der Vertragspartner ausfällt und damit ein Anspruch aus dem Derivat nicht mehr durchgesetzt werden kann. Einige Derivate haben aber auch ein Emittentenrisiko, welches nach § 13 I SolvV zu unterlegen ist. Darunter fällt das Risiko, dass der Emittent des Basiswertes ausfällt. Ein Käufer eines Futures auf eine Aktie läuft einerseits Gefahr, dass sein Vertragspartner ihm die Aktie nicht liefern kann und andererseits, dass der Emittent der Aktie insolvent wird und damit sein Anspruch auf Lieferung der Aktie quasi wertlos wird. Er ist damit in gleichem Maße wie ein direkter Aktieninhaber dem Emittentenrisiko ausgesetzt und muss dieses auch in gleicher Weise unterlegen. Während dies unter dem Grundsatz I[62] nur für den Fall einer tatsächlich vereinbarten Lieferung galt, sind inzwischen auch die Fälle eines Barausgleichs[63] erfasst.[64] Fällt

---

60 Vgl. § 2 SolvV.
61 Für Adressrisiken vgl. § 2 II SolvV; *Bundesbank*, Die Umsetzung der neuen Eigenkapitalregelungen für Banken in deutsches Recht, S. 70.
62 Vorgängerregelung zur SolvV, erlassen durch die Deutsche Bundesbank am 29.10.1997, BAnz. S. 13555.
63 Auch Differenzgeschäft genannt.
64 *BaFin*, Begründung zur Verordnung über die angemessene Eigenmittelausstattung (Solvabilität) von Instituten – Solvabilitätsverordnung (SolvV), zu § 13.

der Emittent des Basiswertes während der Laufzeit des Futures aus, muss der Käufer des Futures über den Barausgleich ebenfalls den gesamten Verlust tragen. Somit sind beide Fälle dem gleichen wirtschaftlichen Risiko ausgesetzt.

Neben dem dargestellten Fall einer Käufer-Position in einem Future muss auch der Stillhalter (Verkäufer-Position) einer Put-Option sowohl ein Emittenten- als auch ein Kontrahentenrisiko unterlegen.[65] In dem relevanten Fall des Ausfalls des Emittenten des Basiswertes wird die Put-Option vom Optionsberechtigten mit Sicherheit ausgeübt, sodass der Stillhalter das Risiko des Ausfalls tragen muss. Dabei besteht der mögliche Verlust jeweils in dem vereinbarten Preis.

Neben dem Adressausfallrisiko ist für die Eigenmittelunterlegung insbesondere das Marktrisiko zu beachten. Dabei wird zwischen dem allgemeinen und dem besonderen Marktrisiko unterschieden. Das allgemeine Marktrisiko beschreibt die Gefahr einer Wertänderung des Instrumentes aufgrund einer allgemeinen Marktentwicklung wie beispielsweise Zinsänderungen oder Konjunkturentwicklungen. Das besondere Marktrisiko beschreibt die Gefahr einer Veränderung des Marktpreises aufgrund von Faktoren, die direkt auf den Emittenten des Instrumentes zurückzuführen sind, wie beispielsweise Bonitätsveränderungen, Übernahmen oder Personalentscheidungen.[66]

Auch Derivate sind einem Marktrisiko ausgesetzt, soweit die entsprechenden Basiswerte einem solchen Risiko ausgesetzt sind. Der Wert eines Futures schwankt nahezu identisch mit dem Wert des zugrunde liegenden Instrumentes. Mithin ist ein Future auch regulatorisch wie eine Position in dem betreffenden Basiswert zu behandeln.[67]

Auch der Wert von Optionen ändert sich in Abhängigkeit von ihrem Basiswert und ist somit einem Marktrisiko ausgesetzt. Die Besonderheit liegt hier allerdings darin, dass eine Steigerung des Basiswertes um einen Euro regelmäßig nicht zu einer Änderung des Derivatewertes um einen Euro führt. Somit würde eine Gleichsetzung einer Position in einem Derivat mit einer Position im Basiswert zu einer Übergewichtung des Risikos führen. Um dies zu vermeiden wird nach § 308 SolvV die Deltamethode verwandt, um das Marktrisiko von Derivaten angemessen zu berücksichtigen. Dabei gibt Delta an, wie stark sich der Kurs des Derivats im Verhältnis zu einer Kursänderung des Basiswertes verän-

---

65 § 13 I Nr. 3 SolvV.
66 *Waschbusch*, Bankaufsicht, S. 299.
67 Dieser Grundsatz findet sich in allen Kategorien von Marktrisiken wieder und wird in den jeweiligen Kapiteln näher erläutert.

dert.[68] Beträgt das Delta beispielsweise 0,5, so führt eine Preisreduktion des Basiswertes um 50 zu einer Preisreduktion der Option um 25. Somit ist eine Option dem Marktrisiko ausgesetzt, wie eine halbe Einheit des Basiswertes. Mit Hilfe des Deltas lassen sich somit Optionen unter Risikoaspekten in Anteile an ihrem Basiswert umrechnen und im Anschluss nach den allgemeinen Regeln mit Eigenkapital unterlegen.[69]

Grundsätzlich findet die Eigenkapitalunterlegung von Derivaten in der Solvabilitätsverordnung in zwei Schritten statt. In einem ersten Schritt wird die Derivateposition in eine äquivalente Position eines herkömmlichen, nichtderivativen Instrumentes umgerechnet und in einem zweiten Schritt werden die umgerechneten Positionen dann mit Eigenkapital unterlegt. So soll gewährleistet werden, dass eine risikoadäquate Unterlegung stattfindet und keine regulatorische Arbitrage durch die Nutzung von Derivaten ermöglicht wird.

3. Anrechnung als Eigenmittel

Derivate nehmen im Bereich der Eigenmittelanforderungen eine Doppelrolle ein. Neben der Begründung der geschilderten zu unterlegenden Risiken können sie auch selbst zur Unterlegung von Risiken als Teil der Eigenmittel dienen. Relevant wird dieser Aspekt immer dann, wenn Derivate einen positiven Marktwert aufweisen und damit das Vermögen des Institutes vergrößern. In diesem Fall stellt die positive Wertentwicklung regelmäßig einen nicht realisierten Gewinn dar. Wird dieser Gewinn im Jahresabschluss festgestellt und das Derivat im Anlagebuch geführt, ist der Gewinn nach § 10 IIb S. 1 Nr. 7 a) KWG unter weiteren Voraussetzungen Ergänzungskapital. Sind die dort genannten weiteren Voraussetzungen nicht erfüllt, kann der unrealisierte Gewinn als Nettogewinn nach § 10 IIc S. 1 Nr. 1 KWG im Bereich der Drittrangmittel angerechnet werden. Gezahlte Optionsprämien von Optionen, die weit aus dem Geld sind[70], also deren Wert sehr gering ist, können bei dem Verkäufer sogar in Höhe der Differenz zwischen Prämie und Optionswert dem Kernkapital zugerechnet werden.[71]

---

68 Luz-*Hellester*, KWG, §294-318 SolvV, Rn. 73.
69 Für eine ausführliche Herleitung von Delta vgl. Anhang C.1.
70 Als weit aus dem Geld bezeichnet man eine Option, deren Ausübungswahrscheinlichkeit sehr gering ist.
71 Vgl. *Reiner*, Derivative Finanzinstrumente im Recht, S. 246.

Diese Anrechnung ist auch zweckmäßig. Unabhängig von seiner Wertentwicklung müssen für die Risiken aus einem Derivat Eigenmittel unterlegt werden. Würde keine Anrechnung der Wertentwicklung in den Eigenmitteln erfolgen, würde die Reduktion der Wahrscheinlichkeit, mit diesem Instrument insgesamt einen Verlust zu erleiden, nicht berücksichtigt. Auch wird auf diese Weise ein Gleichlauf mit wirtschaftlich vergleichbaren Instrumenten[72] gewährleistet, die ebenfalls dem Eigenkapital zugerechnet werden, wenn unrealisierte Gewinne anfallen.[73]

II. Adressrisiken

1. Übersicht

Das Adressrisiko[74] wird in § 4 II S. 2 SolvV als das Risiko definiert, dass ein Schuldner „nicht oder nicht fristgerecht leistet oder das Institut gegenüber einer Person oder Personenhandelsgesellschaft aufgrund der Nichtleistung eines Dritten zu leisten verpflichtet ist sowie das finanzielle Risiko des Instituts in Bezug auf Beteiligungen."[75] Um Doppelanrechnungen zu vermeiden, sind allerdings nach § 4 II S. 1 Nr. 1 SolvV diejenigen Adressrisiken auszunehmen, die durch eine Handelsbuchrisikoposition eines Handelsbuchinstituts abgedeckt sind. Darunter fällt regelmäßig das Emittentenausfallrisiko, nicht aber das Kontrahentenausfallrisiko. Die unterlegungspflichtigen Derivate sind in § 11 I Nr. 1 SolvV definiert. Dabei wird auf die Derivatedefinition des § 19 Ia KWG verwiesen.[76] Ausgenommen sind allerdings Stillhalterpositionen aus Optionen, da diese bedingte Verpflichtungen und keine Ansprüche darstellen und somit keinem Adressausfallrisiko unterliegen.[77]

Wie zuvor dargelegt, ist bei Derivaten zwischen zwei verschiedenen Adressrisiken zu unterscheiden. Alle Derivate unterliegen grundsätzlich einem Kontrahentenrisiko nach § 11 SolvV. Bei einigen Derivaten kommt ein

---

72 Beispielsweise sind ein Future und eine Position in dem entsprechenden Basiswert wirtschaftlich gleich zu behandeln (siehe oben).
73 Vgl. ausführlich *Reiner*, Derivative Finanzinstrumente im Recht, S. 247 f.
74 Auch Adressausfallrisiken genannt.
75 § 4 II S. 2 SolvV.
76 Ausführlich dazu in Kapitel A.II.2.
77 Boos- *Schulte-Mattler*, KWG, § 11 SolvV, Rn. 4.

Emittentenrisiko nach § 13 I SolvV hinzu. In der Solvabilitätsverordnung ist die Hinterlegungspflicht für Adressrisiken in §§ 8 ff. geregelt.

Nach § 8 II SolvV muss der Gesamtanrechnungsbetrag für alle Adressrisiken mit mindestens 8% Eigenmitteln in Form von Kernkapital oder Ergänzungskapital unterlegt werden.[78]

Zur Ermittlung des Gesamtanrechnungsbetrages, also der gewichteten Summe der Adressausfallrisiken sieht die SolvV zwei unterschiedliche Methoden vor: Einen einfachen Ansatz für kleinere Institute (KSA[79] nach § 24 SolvV) und eine umfangreiche Methode (IRBA[80] nach § 71 SolvV).[81] Darüber hinaus besteht ein besonderes Verfahren zur Berechnung des Risikos aus Verbriefungspositionen[82] (§§ 225 ff. SolvV).

Die Höhe der zu berücksichtigenden Adressausfallrisiken ergibt sich grundsätzlich aus der Bemessungsgrundlage und der Gewichtung der jeweiligen Position. Die Bemessungsgrundlage stellt dabei den möglichen Verlust im Falle des Ausfalls der jeweiligen Partei dar, während die Gewichtung von der Ausfallwahrscheinlichkeit abhängt. Die Gewichtung stellt somit ein Korrektiv für die pauschale Unterlegung von Risiken mit 8% Eigenmitteln dar. Während ein Instrument, dessen Gewichtung 100% beträgt mit 8% unterlegt werden muss, müssen vergleichsweise sichere Positionen mit einer Gewichtung von 10% oder sogar 0% nur mit 0,8% (= 10% * 8%) oder gar nicht mit Eigenmitteln unterlegt werden. Die maximale Gewichtung beträgt in der Folge 1250%, was einer Eigenmittelunterlegung von 100% entspricht. In diesem Fall wird der gesamte mögliche Verlust mit Eigenkapital abgedeckt.

Der KSA und der IRBA unterscheiden sich im Wesentlichen durch die Ermittlung der Gewichtung von Risiken. Die Bemessungsgrundlage von Derivaten ist sowohl nach § 100 III SolvV für den IRBA als auch nach § 49 II Nr. 3. SolvV für den KSA jeweils nach § 17 SolvV zu ermitteln.

Im Folgenden wird unter Punkt 2 auf die Ermittlung der Bemessungsgrundlage für derivative Adressausfallrisiken eingegangen. Unter Punkt 3 wird die Gewichtung des KSA ausführlich dargestellt und in einem kurzen Abschnitt die wesentlichen Unterschiede zum IRBA deutlich gemacht. Punkt 4 erläutert dann

---

78 Luz- *Luz*, KWG, §§ 1-7 SolvV, Rn. 10.
79 Kreditrisiko Standard Ansatz.
80 Internal Rating Based Approach.
81 *Reinicke*, Die Solvabilitätsverordnung, S. 10.
82 Dargestellt in Kapitel B.II.4.

die Ermittlung von Adressrisiken im Falle von synthetischen Verbriefungen mittels Kreditderivaten.

2. Bemessungsgrundlage

Für Derivate muss grundsätzlich eine derivative Bemessungsgrundlage für das Kontrahentenrisiko gebildet werden. Daneben muss zum Teil noch eine Bemessungsgrundlage für das Emittentenrisiko ermittelt werden. Dies richtet sich nach den jeweiligen Vorschriften zu dem entsprechenden Basiswert.[83] Ebenfalls ist unter Umständen ein Vorleistungs- oder Abwicklungsrisiko zu berücksichtigen. Dabei handelt es sich um Risiken, die dann zu unterlegen sind, wenn die eigene Leistung bereits erbracht wurde, der Kontrahent seine Leistung aber noch nicht erbracht hat (Vorleistungsrisiko nach § 14 SolvV) oder wenn beide Vertragsparteien trotz Ablauf des Erfüllungszeitpunktes noch nicht geleistet haben (Abwicklungsrisiko nach §§ 15, 16 SolvV).[84]

Die derivative Bemessungsgrundlage bezeichnet die Höhe der Forderung gegenüber der ausfallenden Partei zum Ausfallzeitpunkt. Während die Höhe der Forderung zum aktuellen Zeitpunkt unproblematisch zu bestimmen ist, besteht für den zukünftigen Ausfallzeitpunkt die Möglichkeit, dass sich der Wert der Forderung verändert. In der SolvV wird in der Folge eine Berücksichtigung einer möglichen Werterhöhung der Forderung bis zum Ausfallzeitpunkt vorgesehen. Rein wirtschaftlich betrachtet erscheint die Annahme einer Werterhöhung im Zeitverlauf nicht angebracht. Zwar ist davon auszugehen, dass sich der Wert einer Position im Portfolio um einen risikoangepassten Zins erhöht.[85] Im Falle von derivativen Instrumenten findet aber kein Kapitaleinsatz statt, sodass kein Zins anfallen kann und somit auch grundsätzlich von keiner erwarteten Werterhöhung ausgegangen werden kann.[86] In der SolvV hingegen wird ein vorsichtiger Ansatz vertreten und daher nicht der Erwartungswert herangezogen, sondern eine risikoerhöhende Entwicklung antizipiert.[87] Allgemein lässt

---

83 Vgl. dazu *Weiß*, Der Kreditrisiko-Standardansatz, S. 64 ff.
84 *C & L Deutsche Revision*, 6. KWG-Novelle und neuer Grundsatz I, S. 325 f.
85 Dies ergibt sich aus dem Capital Asset Pricing Model (CAPM) bei einigen vereinfachenden Annahmen; vgl. *Ross/Westerfield/Jaffe*, Corporate Finance, S. 285.
86 Eine Ausnahme stellen Optionen dar, die sich im Geld befinden. Allerdings ist hierbei nicht der Zins von Relevanz, sondern die mit dem Zeitablauf größer werdende Ausübungswahrscheinlichkeit.
87 In der Internen-Modelle-Methode wird der Erwartungswert herangezogen, dann aber

sich festhalten, dass der Forderungsaufschlag abhängig von der Länge der Restlaufzeit des Instrumentes und der Höhe der Wertschwankungen, der sogenannten Volatilität ist.

Neben der Berücksichtigung von Wertschwankungen für die Bemessungsgrundlage werden auch aufrechenbare Gegenforderungen einbezogen. Soweit einer Forderung eigene Verbindlichkeiten gegenüberstehen können diese im Falle des Ausfalls der Gegenpartei miteinander aufgerechnet werden, sodass kein Verlust aus der Forderung in der entsprechenden Höhe besteht.

Zur konkreten Ermittlung der Bemessungsgrundlage für das derivative Adressausfallrisiko sieht § 17 SolvV verschiedene Methoden vor. Die einfachste und zugleich ungenaueste Methode ist die Laufzeitmethode (unter a). Diese steht aber nach § 17 I S. 6 SolvV aufgrund ihrer Unzulänglichkeiten nur Nichthandelsbuchinstituten zur Verfügung.[88] Alternativ stehen die Marktbewertungsmethode (unter b), die Standardmethode (unter c) und die Interne Modelle Methode (unter d) als Berechnungsmethoden zur Verfügung. Ein Unternehmen muss sich einheitlich für alle Instrumente auf eine der Methoden festlegen. Andernfalls würde die Möglichkeit eröffnet, jeweils die Methode für das in Frage kommende Instrument zu wählen, die die geringste Bemessungsgrundlage ergibt. Ein Wechsel von der Laufzeitmethode zu einer der anderen Methoden ist allerdings unter vereinfachten Voraussetzungen umsetzbar, um einen sukzessiven Übergang zu ermöglichen.[89]

a) Laufzeitmethode

Die Berechnung der Bemessungsgrundlage nach der Laufzeitmethode erfolgt nach § 23 SolvV. Dabei finden einzig der Umfang des zugrundeliegenden Basisinstrumentes, die Art des Basisinstrumentes und die Laufzeit des Derivates Berücksichtigung. Diese Methode ist nur für Nichthandelsbuchinstitute und nur für ausschließlich zinsbezogene Geschäfte sowie währungskurs- und goldpreisbezogene Geschäfte anwendbar. Soweit Nichthandelsbuchinstitute derivative Instrumente in anderen Klassen besitzen, können sie die Laufzeitmethode nicht anwenden.[90]

---

mit einem Sicherheitsaufschlag versehen.
88 Luz- *Luz*, Kreditwesengesetz, §§ 17-23 SolvV, Rn. 21.
89 Luz- *Luz*, Kreditwesengesetz, §§ 17-23 SolvV, Rn. 4.
90 Luz- *Luz*, Kreditwesengesetz, §§ 17-23 SolvV, Rn. 21.

Zur Berechnung der Bemessungsgrundlage muss in einem ersten Schritt der marktbewertete Anspruch aus dem Derivat nach § 21 SolvV ermittelt werden. Unter diesem ist der aktuelle Marktwert des Basiswertes zu verstehen. Dabei wird im Falle von Optionsgeschäften eine Ausführung der Option angenommen, sodass für eine Call-Option und einen Future auf denselben Basiswert auch derselbe marktbewertete Anspruch anzunehmen ist. Diese vereinfachte Darstellung führt zu einer übermäßigen Unterlegungspflicht für Optionen, da deren Wert nur in Höhe des Deltas mit dem Basiswert schwankt. Für Swap-Geschäfte ist der effektive Kapitalbetrag heranzuziehen. Der Kapitalbetrag ist der Geldbetrag, auf den die Berechnung des Zinssatzes bezogen ist. Durch die Verwendung des Begriffes des „effektiven Kapitalbetrages" werden auch sogenannte multiplier Swaps[91] und Swaps mit wechselnden zugrunde liegenden Geldbeträgen[92] vollständig erfasst.[93]

Nach der Ermittlung des marktbewerteten Anspruchs wird ein Faktor in Abhängigkeit von der Volatilität des Basiswertes und der Restlaufzeit des Derivates an Hand der folgenden Tabelle ermittelt:

	Ausschließlich zinsbezogene Geschäfte (Restlaufzeit)	Währungskurs- und goldpreisbezogene Geschäfte (Ursprungslaufzeit)
bis 1 Jahr	0,5 %	2,0 %
über 1 Jahr bis 2 Jahre	1,0 %	5,0 %
Zusätzliche Berücksichtigung eines jeden weiteren Jahres	1,0 %	3,0 %

Tab. 1: Anhang 1 Tabelle 2 SolvV

Durch Multiplikation des marktbewerteten Anspruchs und des ermittelten Faktors wird dann die Bemessungsgrundlage nach der Laufzeitmethode ermittelt.[94]

---

91 Darunter versteht man Vereinbarungen, die eine Zahlung von einem vielfachen X des Betrages eines regulären Swaps vorsehen. Ein multiplier Swap auf 1 Euro mit dem Faktor 100 entspricht somit einem normalen Swap auf 100 Euro. Durch die Verwendung des effektiven Kapitalbetrages wird der multiplier Swap aber wie ein Swap auf 100 Euro behandelt.
92 Dabei wird immer die Summe der noch ausstehenden Beträge als Basiswert verwendet.
93 *Waschbusch*, Bankenaufsicht, S. 266; *Baseler Ausschuss*, Behandlung des potentiellen Engagements aus nicht bilanzwirksamen Positionen, S. 5.
94 Eine Beispielrechnung findet sich in Anhang A.1.

Eine Besonderheit der Laufzeitmethode ist dabei, dass sie den aktuellen Marktwert des Derivats vollständig unberücksichtigt lässt und damit implizit einen Marktwert von null annimmt. Diese Annahme stimmt regelmäßig für den Zeitpunkt des Abschlusses, in dem die Konditionen so gewählt werden, dass – mit Ausnahme von Optionen – keine Zahlung stattfindet.[95] Im Zeitverlauf verändert sich aber typischerweise der Wert des Derivates, sodass die Bemessungsgrundlage mit dem Wert steigen und fallen müsste. Die vereinfachende Annahme mit einem Wert von null kann folglich nur eine grobe Annäherung darstellen.

Die Tabelle reflektiert, dass die Volatilität eines zinsbezogenen Geschäftes geringer ist als die anderer Geschäftsarten und somit eine geringere Bemessungsgrundlage angenommen werden kann. Auch muss für die Laufzeit im Falle eines ausschließlich zinsbezogenen Instrumentes nur die Restlaufzeit, in anderen Fällen aber die Ursprungslaufzeit berücksichtigt werden. Die Berücksichtigung der Ursprungslaufzeit stellt die Kehrseite der Nichtberücksichtigung des aktuellen Marktwerts des Derivats dar. Grundsätzlich nimmt die mögliche Veränderung des Wertes im Vergleich zum aktuellen Marktwert mit dem Zeitverlauf ab, sodass für eine kürzere Laufzeit nur ein kleinerer Faktor angesetzt werden muss. Da aber in der Laufzeitmethode der aktuelle Marktwert nicht einbezogen wird, steht dieser auch als Vergleichsgröße nicht zur Verfügung. Mithin muss die Forderung während der gesamten Laufzeit nach der ursprünglichen Schätzung unterlegt werden. Anders gestaltet sich dies im Falle der zinsbezogenen Geschäfte, in dem nur die Restlaufzeit berücksichtigt wird. Damit wird implizit jeder Zeitpunkt mit dem Abschlusszeitpunkt des Geschäfts gleichgesetzt, sodass grundsätzlich ein Wert von null Euro angenommen wird. Eine wirtschaftliche Begründung dafür ist nicht ersichtlich.[96]

Auch die Berücksichtigung von Aufrechnungspositionen ist in der Laufzeitmethode stark vereinfacht geregelt. Soweit eine solche Aufrechnungsvereinbarung über Forderungen aus Derivaten besteht und diese die Anforderung des § 207 SolvV erfüllt, werden anstelle der vorher genannten Faktoren (Tabelle 1) gemäß § 211 III SolvV leicht geringere Faktoren angenommen.[97] Damit wird un-

---

95 *ISDA*, Guidelines for Collateral Practicioners, S.4.
96 Sowohl in Basel II als auch in der dazugehörigen EU-Bankenrichtlinie wird den nationalen Regulatoren noch freigestellt, ob sie für Zinsgeschäfte ebenfalls die Ursprungslaufzeit oder die Restlaufzeit verwenden.
97 Luz- *Weber/Seifert/Günther*, KWG, §§ 206-224 SolvV, Rn. 25; Anhang 1 Tabelle 17 SolvV, abgebildet unter Anhang B.1.

abhängig von der Höhe der Gegenforderung die Bemessungsgrundlage pauschal reduziert.

Die Laufzeitmethode stellt lediglich eine sehr oberflächliche Berechnung der Bemessungsgrundlage für Adressausfallrisiken dar. Somit ist die Entscheidung, diese Methode nur noch für Nichthandelsbuchinstitute zuzulassen, zu begrüßen. Größere Institute würden diese Methode aber wohl schon nicht wählen, da die Bemessungsgrundlage nach dieser Berechnung regelmäßig höher ausfällt als nach komplexeren Methoden.

b) Marktbewertungsmethode

Die Marktbewertungsmethode nach § 18 SolvV geht von dem aktuellen Wert des Derivates aus und sieht für mögliche zukünftige Werterhöhungen einen Aufschlag vor.[98] Während die Laufzeitmethode also vereinfachend den Wert des Derivates mit null angenommen hat, muss für die Marktbewertungsmethode dieser Wert regelmäßig ermittelt werden. Dieser Ausgangswert wird als gegenwärtiger Wiedereindeckungsaufwand bezeichnet. Nach § 19 SolvV wird als gegenwärtiger Wiedereindeckungsaufwand der aktuelle Marktwert des Derivats verwendet, sofern dieser positiv ist. Negative Marktwerte werden nicht berücksichtigt, da diese zu einer negativen Bemessungsgrundlage führen würden, die die Unterlegungspflicht für Adressrisiken reduzieren würde. Ein negativer Marktwert eines Derivats bedeutet einen Anspruch des Kontrahenten aus dem Derivat. Ein solcher reduziert aber außerhalb von Aufrechnungsvereinbarungen nicht das Adressrisiko und kann mithin auch die Bemessungsgrundlage nicht verringern.

Aufgrund der möglichen Werterhöhung dieser Forderung im Zeitverlauf wird dann ein Aufschlag nach § 20 SolvV addiert. Dieser Aufschlag ermittelt sich, vergleichbar mit der Laufzeitmethode, mit Hilfe des Marktwertes des Basiswerts und einem Faktor in Abhängigkeit von Volatilität und Restlaufzeit (siehe Kasten). Im Unterschied zur Laufzeitmethode wird im Rahmen der Marktbewertungsme-

```
Marktbewerteter Wiedereindeckungsaufwand (§ 18) =
    Gegenwärtiger Wiedereindeckungsaufwand (§ 19)
+   Künftig zu erwartende Erhöhung (§ 20)
    Marktwert des Basiswerts (§ 21)
*   Faktor in Abhängigkeit von Volatilität und Restlaufzeit (§ 22)
```

---

98 Eine Beispielrechnung findet sich in Anhang A.2.

thode immer auf die Restlaufzeit zurückgegriffen.[99] Dies ist risikogerecht, da das Wertschwankungsrisiko zwischen Beginn der Laufzeit und dem aktuellen Zeitpunkt schon über den aktuellen Marktwert des Derivates berücksichtigt wird. Somit würde die Verwendung der Ursprungslaufzeit zu einer Überschätzung des Risikos führen. Zur Ermittlung des Faktors wird – wie auch in der Laufzeitmethode – auf eine Tabelle[100] zurückgegriffen. Diese sieht im Vergleich zur Laufzeitmethode geringere Faktoren vor. Einerseits wird somit ein Anreiz geschaffen, die Marktbewertungsmethode zu verwenden, um Eigenmittel einzusparen, andererseits wird damit der geringeren Unsicherheit in der Risikobemessung Rechnung getragen.

Nach dem Wortlaut des § 18 SolvV muss der Aufschlag auch für Derivate angesetzt werden, deren Wert stark negativ ist und für die demnach ein gegenwärtiger Wiedereindeckungsaufwand von null angesetzt wurde. Dies erscheint nicht gerechtfertigt. Wenn der marktbewertete Wiedereindeckungsaufwand unter Berücksichtigung des negativen Marktwertes noch immer negativ ist, sollte für die Gesamtposition keine Eigenmittelunterlegung stattfinden müssen.

Eine Sonderregelung besteht für die Berechnung des Aufschlags nach § 20 II SolvV für Kreditderivate. Für diese bestehen eigene Faktoren zur Berechnung der zukünftigen erwarteten Erhöhung. Somit wird zwischen Marktrisiken und Kreditrisiken, die unterschiedliche Gründe für Wertschwankungen darstellen, auch in der Berechnung der Ermessensgrundlage differenziert. So wird insbesondere anstelle der Restlaufzeit die Bonität der Schuldner der entsprechenden Instrumente berücksichtigt. Je schlechter die Bonität ist, desto größer sind die Schwankungen des Derivates.[101] Eine zusätzliche Berücksichtigung der Restlaufzeit wäre hier aber wünschenswert gewesen, da die Schwankung auch bei Kreditderivaten maßgeblich davon abhängt.

Im Bereich der Aufrechnungsvereinbarung sieht die Marktbewertungsmethode eine deutlich stärkere Berücksichtigung der durch das Netting[102] entstehenden Reduktion des Adressausfallrisikos vor. Nach § 211 II SolvV werden in einem ersten Schritt alle positiven und negativen Marktwerte der Derivate gegenüber dem gleichen Kontrahenten verrechnet und damit ein Unterschieds-

---

99 Boos-*Schulte-Mattler*, KWG, § 22 SolV, Rn. 1.
100 Anhang 1 Tabelle 1 SolvV, abgebildet unter Anhang B.2.
101 Vgl. *Chaplin*, Credit Derivatives, Trading, Investing, and Risk Management, S. 134.
102 Als Netting bezeichnet man die Verrechnung positiver und negativer Werte.

betrag gebildet. Ist dieser negativ, wird er mit null angesetzt.[103] In einem zweiten Schritt wird auch hier ein Aufschlag berechnet. Dieser ist regelmäßig geringer als der Aufschlag für die Einzelpositionen außerhalb einer Aufrechnungsvereinbarung.[104] Dies lässt sich damit begründen, dass innerhalb der Positionen der Aufrechnungsvereinbarung gegenläufige Wertentwicklungen stattfinden können, die sich gegenseitig kompensieren.

Insgesamt ist die nach der Marktbewertungsmethode ermittelte Bemessungsgrundlage deutlich genauer als die der Laufzeitmethode. Insbesondere werden weniger pauschale Annahmen getroffen. Dennoch werden unterschiedliche Schwankungsintensitäten verschiedener Instrumente nicht individuell, sondern nur in Klassen erfasst. Auch findet eine Berücksichtigung der Korrelation[105] nur stark vereinfacht statt.

c) Standardmethode

Die Standardmethode stellt eine im Vergleich zur Marktwertbewertungsmethode risikosensitivere Berechnungsvariante dar, die in Teilen schon auf die Interne Modelle Methode zurückgreift.[106] Nach § 218 SolvV errechnet sich der Bemessungswert einer Aufrechnungsposition aus folgenden Komponenten:[107]

1. dem Größeren, bestehend aus
    a) dem Nettomarktwert der Aufrechnungsposition und
    b) dem aufsichtsrechtlich erwarteten Wiederbeschaffungswert und
2. dem Skalierungsfaktor β[108]

Der Nettomarktwert ist regelmäßig dann der größere Wert, wenn das Derivat weit im Geld ist.[109] In diesem Fall hat das Derivat einen hohen Wert. Andern-

---

103 Die Begründung entspricht derjenigen für Positionen außerhalb von Aufrechnungsvereinbarungen (s. S. 20).
104 Vgl. mit Erläuterungen Formel 1, Anhang C.2.
105 Die Korrelation ist ein Maß für die Gegenläufigkeit der Instrumente in einem Portfolio. Entwickeln sich die Werte verschiedener Instrumente in exakt der gleichen Weise, ist die Korrelation 1. Entwickeln sie sich vollständig konträr, ist die Korrelation -1 und entwickeln sie sich voneinander unabhängig, ist die Korrelation 0.
106 Luz- *Weber/Seifert/Günther*, KWG, §§ 206-224, Rn. 37.
107 Vgl. mit Erläuterungen Formel 2, Anhang C.3.
108 *Baseler Ausschuss*, Die Anwendbarkeit von Basel II auf Handelsaktivitäten und die Behandlung von Double-Default-Effekten, S. 15.
109 Dazu schon auf S. 8.

falls hat ein Derivat typischerweise keinen hohen Marktwert und der aufsichtsrechtlich erwartete Wiederbeschaffungswert ist größer.[110]

Der Skalierungsfaktor β von 1,4[111] dient als Sicherheitsaufschlag für die Berücksichtigung konjunktureller Schwankungen, Schätzfehler oder Modellfehler.[112]

Eine Aufrechnungsposition ergibt sich jeweils aus allen von einer einzelnen Aufrechnungsvereinbarung erfassten Geschäften.[113] Ist ein Geschäft nicht von einer Aufrechnungsvereinbarung umfasst, muss dieses nach § 17 I S. 4 SolvV dennoch als einzelne Aufrechnungsposition behandelt werden.

Im Gegensatz zu den zuvor dargestellten Methoden werden innerhalb der Standardmethode und der Internen Modelle Methode mögliche Sicherheiten schon in der Bemessungsgrundlage, und nicht wie bei den anderen beiden Methoden erst in der Gewichtung berücksichtigt. Sicherheiten sind wirtschaftlich mit aufrechnungsfähigen Verbindlichkeiten vergleichbar. Sie führen dazu, dass der Gläubiger nicht nur die Insolvenzquote seiner Forderung erhält, sondern im Rahmen der Insolvenzordnung bevorzugt behandelt wird und sich in voller Höhe befriedigen kann. Somit kann auch gegen die regulatorische Gleichbehandlung einer Sicherheit mit einer aufrechnungsfähigen Forderung nach § 218 IV SolvV nichts eingewendet werden.

Die Ermittlung des Nettomarktwertes erfolgt über die Summierung der Marktwerte aller derivativen Adressausfallpositionen abzüglich der aktuellen Marktwerte aller dazugehörigen Sicherheiten.

Zur Errechnung des aufsichtsrechtlich erwarteten Wiederbeschaffungswertes ist ein mehrstufiges Vorgehen erforderlich (siehe Kasten).

Errechnung des aufsichtsrechtlich erwarteten Wiederbeschaffungswertes:
1. Aufteilung in Basiswertkomponente und Finanzierungskomponente (§219)
2. Errechnung der Beiträge inkl. Delta und mod. Duration (§220)
3. Zuordnung der Risikopositionen zu den Absicherungsgruppen (§221)
4. Netting innerhalb der Absicherungsgruppe (Anlage 2, Formel 8 SolvV)
5. Unterlegung mit dem jeweiligen Betrag nach Tabelle 26 (Anlage 2, Formel 8 SolvV)

---

110 *Baseler Ausschuss*, Die Anwendbarkeit von Basel II auf Handelsaktivitäten und die Behandlung von Double-Default-Effekten, S. 15.
111 Vgl. Anlage 2, Formel 8 SolvV.
112 *Baseler Ausschuss*, Die Anwendbarkeit von Basel II auf Handelsaktivitäten und die Behandlung von Double-Default-Effekten, S. 15.
113 *BaFin*, Begründung zur Verordnung über die angemessene Eigenmittelausstattung (Solvabilität) von Instituten – Solvabilitätsverordnung (SolvV), S. 108.

In einem ersten Schritt sind die Derivate in ihre Komponenten aufzuteilen, die dann als Risikopositionen geführt werden. Ein Swap wird in den zu zahlenden und den zu empfangenden Teil, ein Future in den basiswertbezogenen Teil und den Zahlungsteil aufgegliedert. Soweit ein Zahlungsanspruch in einer Fremdwährung besteht, muss nach § 219 III SolvV sowohl eine Komponente für das Zinsrisiko als auch für das Währungsrisiko gebildet werden. Optionen haben klassischerweise nur eine Basiswertkomponenete, da kein Zahlungsaustausch am Ende der Laufzeit mehr stattfindet. Auch Sicherheiten werden nach § 219 IV, V SolvV miteinbezogen.

In einem zweiten Schritt werden nach § 220 SolvV die Beträge ermittelt, mit denen die jeweiligen Risikopositionen Berücksichtigung finden. Grundsätzlich kommen dafür der Marktwert des Basiswertes, der effektive Kapitalbetrag und im Falle eines CDS der zugrunde liegende Nennwert in Frage. Insoweit ähnelt der zweite Schritt den bisher geschilderten Vorgehensweisen in der Marktwert- und der Laufzeitmethode. Eine unterschiedliche Handhabung findet hingegen für nicht-lineare Risiken, namentlich Risiken aus Optionen, und für Zinsrisiken statt. Der Basiswert einer Option wird nicht mehr vollständig berücksichtigt, sondern nur noch mit dem Deltaäquivalent[114], also dem Anteil am Basiswert, der dem Halten einer Option entspricht. Zinsrisiken werden mit Hilfe der modifizierten Duration[115] berücksichtigt. Diese gibt an, wie stark sich der Wert eines Zinstitels ändert, wenn sich der Zinssatz verändert und erfüllt somit die gleiche Funktion wie Delta bei Optionen.[116] Die Zinsrisikoposition ergibt sich dann nach § 220 I S. 2 SolvV aus dem Marktwert des Zahlungsanspruches multipliziert mit der modifizierten Duration. Damit wird eine weiter in der Zukunft liegende Zahlung, die von einer Zinsänderung stärker betroffen ist und somit eine höhere modifizierte Duration hat, auch stärker in der Risikoposition gewichtet.

Im dritten Schritt sind diese Risikopositionen einer der in Anhang 1 Tabelle 26 SolvV[117] vorgegebenen Risikokategorien zuzuordnen. Dabei sind Zinsrisiken nach § 221 II SolvV in weitere Untergruppen, abhängig von Laufzeit und Art des Referenzzinssatzes zu unterteilen.[118] Diese Untergruppen bilden die Absiche-

---

114 Vgl. Kapitel B. I. 2. und ausführlich in Anhang C.1.
115 Für eine ausführliche Darstellung vgl. Anhang C.4.
116 *Elton/Gruber/Brown/Goetzmann*, Modern Portfolio Theory and Investment Analysis, S. 527.
117 Abgebildet unter Anhang B.3.
118 Kategorien in Anhang 1 Tabelle 27 SolvV, abgebildet unter Anhang B.4.

rungsgruppen für Zinsrisiken. Für alle anderen Risikokategorien müssen ebenfalls Absicherungsgruppen gebildet werden. Soweit den Derivaten die gleichen oder annähernd gleichen Finanzinstrumente, Waren oder Edelmetalle zugrunde liegen, dürfen sie nach § 221 V SolvV in derselben Absicherungsgruppe zusammengefasst (genettet) werden. Die Absicherungsgruppen sind bewusst sehr eng gefasst, um eine Einschränkung der Nettingmöglichkeiten zu erreichen. Damit wird vermieden, dass das Basisrisiko zu groß wird.[119] Unter dem Basisrisiko versteht man das Risiko, dass sich die einzelnen Positionen einer Absicherungsgruppe in der Wertentwicklung nicht vollständig ausgleichen.

Im vierten Schritt werden Ansprüche und Forderungen unter Einbeziehung von Sicherheiten innerhalb der Absicherungsgruppen miteinander verrechnet. Der positive Betrag der Differenz wird dann im fünften Schritt mit dem Faktor der Risikogruppe[120] multipliziert. Der Faktor wurde durch die empirische Beobachtung der Schwankungen von Futures und Swaps mit einer Laufzeit von einem Jahr festgelegt.[121] Die Summe der derart ermittelten Beträge ergibt den aufsichtsrechtlich erwarteten Wiederbeschaffungswert.

Der so ermittelte Wiederbeschaffungswert wird mit dem Nettomarktwert verglichen und der größere der beiden Werte mit dem Faktor β=1,4 multipliziert. Das Ergebnis stellt dann die Bemessungsgrundlage nach der Standardmethode dar.[122]

Diese Methode reflektiert das Risiko deutlich genauer als die Laufzeit- und die Marktbewertungsmethode. Es werden nur noch wenige regulatorische Pauschalen, wie beispielsweise die vereinfachende Annahme einer einjährigen Restlaufzeit für viele Instrumente, verwendet und damit wird die Menge der impliziten Annahmen deutlich reduziert.

d) Interne Modelle Methode

Am komplexesten ist die Ermittlung der Bemessungsgrundlage mittels der Interne Modelle Methode. Diese Methode darf gemäß § 222 I S. 1 SolvV nur nach Zustimmung der BaFin angewendet werden und die verwendeten Modelle

---

119 *Baseler Ausschuss*, Die Anwendbarkeit von Basel II auf Handelsaktivitäten und die Behandlung von Double-Default-Effekten, S. 17.
120 Kategorien in Anhang 1 Tabelle 26 SolvV, abgebildet unter Anhang B.3.
121 Vgl. *Pykhtin/Zhu*, Measuring Counterparty Risk, S. 4; *Baseler Ausschuss*, Die Anwendbarkeit von Basel II auf Handelsaktivitäten und die Behandlung von Double-Default-Effekten, S. 18.
122 Eine Beispielrechnung ist unter Anhang A.3 aufgeführt.

müssen die Mindestanforderungen des § 224 SolvV erfüllen. Dabei handelt es sich insbesondere um die Einbeziehung aller relevanten Risiken, die Konsistenz der Modelle und die nachträgliche Überprüfung der Ergebnisse.

Die Interne Modelle Methode rückt vollständig von der Verwendung pauschaler Gewichte ab und in der SolvV werden nur noch allgemeine Rahmenbedingungen und Mindestanforderungen definiert.[123] Die genaue Berechnung wird dabei nach §223 III S. 2 SolvV vollständig bankinternen Modellen überlassen.[124]

Einen wesentlichen Unterschied zu allen anderen Modellen stellt dabei die Berücksichtigungsfähigkeit eines Nettings über alle Produktgruppen hinweg dar.[125] Somit können alle Arten von Forderungen und Verbindlichkeiten gegeneinander aufgerechnet werden.

In §§ 223 SolvV ist geregelt, innerhalb welchen Rahmens die Ermittlung der Bemessungsgrundlage stattfinden muss. Grundsätzlich stellt die Bemessungsgrundlage nach dieser Methode den gewichteten Durchschnitt aller Forderungen des Institutes im Zeitraum von einem Jahr dar, der dann mit dem aufsichtsrechtlichen Faktor α multipliziert wird.[126] Dabei stellt α einen mit dem β aus der Standardmethode vergleichbaren Korrekturfaktor dar.

Bei der Ermittlung des gewichteten Durchschnitts sind verschiedene Ermittlungszeitpunkte während des Bemessungszeitraums festzulegen und für jeden Ermittlungszeitpunkt der aktuelle simulierte Forderungsbetrag aller positiven Aufrechnungspositionen zu bilden. Negative Aufrechnungspositionen bleiben unberücksichtigt, da sie keinem Adressrisiko unterliegen. Für den Fall, dass der ermit-

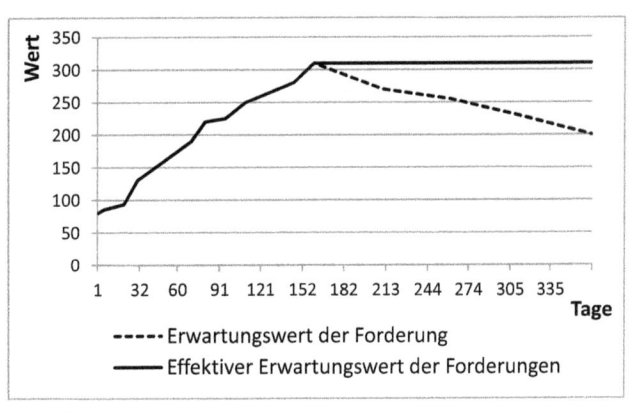

Abb. 7

---

123 Luz- *Weber/Seifert/Günther*, KWG, §§ 206-224 SolvV, Rn. 50.
124 Luz- *Weber/Seifert/Günther*, KWG, §§ 206-224 SolvV, Rn. 57.
125 *Pykhtin/Zhu*, Measuring Counterparty Risk, S. 5.
126 Vgl. die Berechnungsformel mit Erläuterung in Anhang C.5.

telte Gesamtforderungsbetrag unter demjenigen des vorhergehenden Zeitpunktes liegt, ist nach § 223 V S. 5 SolvV der vorhergehende Wert zu verwenden (siehe rote Linie, Abb. 7[127]). Damit wird kompensiert, dass die Forderungshöhe durch das Auslaufen kurzfristiger Forderungen typischerweise im Zeitverlauf abnimmt. Da diese kurzfristigen Forderungen aber regelmäßig ersetzt werden, ist eine derartige Reduktion der Gesamtforderungshöhe nicht gerechtfertigt.[128]

Die Interne Modelle Methode ist die umfangreichste Methode zur Ermittlung der Bemessungsgrundlage für Kreditrisiken. Nahezu alle Faktoren werden vom Institut selbst ermittelt, sodass eine risikoadäquate Berechnung der Bemessungsgrundlage maßgeschneidert auf das Institut stattfinden kann.

3. Gewichtung

Neben der Ermittlung der Bemessungsgrundlage, also der geschätzten Höhe der Nettoforderungen gegen einen Kontrahenten, muss auch die Wahrscheinlichkeit für den Ausfall des Kontrahenten berücksichtigt werden. Je größer die Wahrscheinlichkeit für einen Ausfall ist, desto größer ist der Anteil der Forderung gegen diesen Kontrahenten, der mit Eigenmitteln unterlegt werden muss. Wird davon ausgegangen, dass der Vertragspartner mit einer Wahrscheinlichkeit von 50% ausfällt und die Bemessungsgrundlage 200 Euro beträgt, so beträgt der erwartete Verlust aus diesem Risiko 100 Euro (50%*200 Euro). Mithin müssten 100 Euro Eigenkapital für dieses Risiko vorgehalten werden.

Zur Ermittlung dieser Gewichtung bietet die SolvV wiederum zwei unterschiedliche Methoden. Einerseits den vergleichsweise einfachen Kreditrisiko-Standardansatz (KSA), andererseits den komplexeren, auf internen Ratings basierenden Ansatz (IRBA). Die durch diese Verfahren ermittelten Werte müssen dann in Höhe des Solvabilitätskoeffizienten, also mit 8% Eigenkapital unterlegt werden.[129] Im Folgenden wird nun der KSA ausführlich dargestellt, während für den IRBA nur eine Übersicht gegeben werden kann.

---

127 Angelehnt an: *Pykhtin/Zhu*, Measuring Couterparty Risk, S. 6.
128 Vgl. *Pykhtin/Zhu*, Measuring Counterparty Risk, S. 6.
129 *Weiß*, Der Kreditrisiko-Standardansatz, S. 62.

Adressrisiken

a) Kreditrisikostandardansatz (KSA)

Die Ermittlung der Bemessungsgrundlage für derivative Ausfallrisiken findet gem. § 49 II Nr. 3, 5 a) SolvV nach den im vorangegangenen Kapitel geschilderten Methoden statt. Darüber hinaus ist auch bei einigen Derivaten das Emittentenrisiko als außerbilanzielles Risiko nach § 49 II Nr. 2 SolvV heranzuziehen.[130] Für den Fall, dass es sich um eine Position gegenüber einem Zentralen Kontrahenten[131] handelt, ist in § 49 II Nr. 7 SolvV die Bemessungsgrundlage mit null anzusetzen. Damit sind Forderungen gegen Zentrale Kontrahenten nicht unterlegungspflichtig.

Das Vorgehen zur Ermittlung der Adressausfallrisikopositionen nach dem KSA wird in Abbildung 8 verdeutlicht:

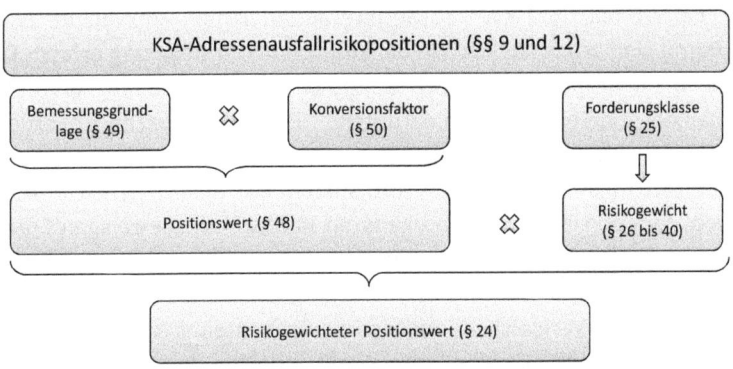

Abb. 8[132]

Um den Positionswert zu ermitteln, muss diese Bemessungsgrundlage mit dem Konversionsfaktor nach § 50 SolvV multipliziert werden. Der Konversionsfaktor spielt für Derivate regelmäßig keine entscheidende Rolle, da diese grundsätzlich mit 100% anzusetzen sind. Relevanz erlangt er nur für Positionen, für die schon vor Entstehung der Forderung ein Adressausfallrisikoposten gebildet werden muss, beispielsweise für Garantien oder Kreditlinien. Da diesen aber

---

130 Vgl. dazu schon unter B.I.2.
131 Die Legaldefinition des zentralen Kontrahenten findet sich in § 1 XXXI KWG.
132 *Weiß*, Der Kreditrisiko-Standardansatz, S. 64.

nur eine begrenzte Wahrscheinlichkeit der Inanspruchnahme zugrunde liegt, müssen sie nicht voll angesetzt werden.[133]

Weiterhin muss für jeden Positionswert ein Risikogewicht ermittelt werden. Dazu werden die Positionen den in § 25 SolvV abschließend aufgezählten Forderungsklassen zugeordnet.[134] Für Derivate dürften als Vertragspartner regelmäßig entweder Institute nach § 25 I Nr. 6 SolvV oder Unternehmen, die Derivate zu Absicherungszwecken erwerben, nach § 25 I Nr. 8 SolvV in Frage kommen. Vorstellbar ist auch die Zuordnung zum Mengengeschäft nach § 25 I Nr. 9 SolvV, sofern das Referenzinstrument kein Wertpapier darstellt.[135] Demnach wird im Folgenden ausschließlich auf die Ermittlung des Risikogewichtes für diese drei Kategorien eingegangen.

Unter Instituten nach § 25 I Nr. 6 SolvV sind nach § 25 VII SolvV insbesondere Institute nach § 2 KWG sowie ihre ausländischen Äquivalente zu verstehen. Damit sind grundsätzlich alle Banken von dieser Regelung erfasst. Darüber hinaus fallen insbesondere auch Zentrale Kontrahenten im Ausland sowie Wertpapier- und Terminbörsen darunter.[136] Das Risikogewicht für Forderungen gegen Institute ist nach § 31 SolvV zu ermitteln. Demnach ist grundsätzlich auf das Bonitätsrisiko des Sitzstaates abzustellen. Das Institut erhält in Abhängigkeit von dem von der BaFin anerkannten Rating[137] des jeweiligen Staates ein Risikogewicht von mindestens 20% und höchstens 150%,[138] hat also Eigenmittel in Höhe von mindestens 1,6% (20%*8%) und höchstens 12% (150%*8%) vorzuhalten. Diese, im Vergleich zu anderen Kontrahenten, bevorzugte Behandlung wird auf die erhöhte Sicherheit von Kreditinstituten durch die Anforderungen des Bankaufsichtsrechtes zurückgeführt.[139] Weiterhin gibt es eine bevorzugte Behandlung für Forderungen mit einer kurzen Laufzeit. Solche mit einer Ursprungslaufzeit von weniger als drei Monaten müssen unabhängig von dem Sitzstaat des Institutes nur mit 20% unterlegt werden.[140] Auch Forderungen mit einer Restlaufzeit von unter drei Monaten werden nach § 31 Nr. 4 SolvV bevor-

---

133 Boos- *Dürselen*, KWG, § 50 SolvV, Rn. 2.
134 Boos- *Dürselen*, KWG, § 25 SolvV, Rn. 1.
135 Luz- *Luz*, KWG, §§ 24-54 SolvV, Rn. 58.
136 Luz- *Luz*, KWG, §§ 24-54 SolvV, Rn. 44.
137 Die BaFin muss die betreffende Ratingagentur nach §§ 52,53 SolvV anerkannt haben und das Rating muss nach §§ 41-47 herangezogen worden sein.
138 Vgl. Anlage 1 Tabelle 6 SolvV, dargestellt in Anhang B.5.
139 *Cluse*, Der Standardansatz für die Kreditrisikounterlegung, S. 148.
140 § 31 Nr. 5 SolvV.

zugt. Mit einem höheren Risikogewicht sind hingegen Forderungen zu unterlegen, die bei dem Institut den Eigenmitteln zugerechnet werden. Darunter sind solche Forderungen zu verstehen, die aus Wertpapieren stammen, die von dem Institut emittiert wurden.[141] Somit sind Derivate davon wohl regelmäßig nicht betroffen.

Ob die bevorzugte Behandlung von Instituten in der Nachlese zur Finanzkrise noch gerechtfertigt ist, ist zu bezweifeln. Die Finanzkrise hat gezeigt, dass auch Institute nicht vor der Insolvenz sicher sind. Eine Behandlung der Institute mit Hilfe eines spezifischen Gewichtungsfaktors, abhängig vom Rating würde zu einer risikoadäquateren Unterlegungspflicht führen. Ratingagenturen berücksichtigen regelmäßig ebenfalls den Einfluss, den die verstärkten Anforderungen an Institute durch das Bankaufsichtsrecht auf die Insolvenz haben, sodass eine separate Bevorzugung nicht notwendig ist.

Forderungen gegen Unternehmen werden nach § 33 SolvV gewichtet. Die Gewichtung ist dabei vollständig von dem Rating der jeweiligen Forderung abhängig. Es wird einzig zwischen kurzfristigen Forderungen und anderen Forderungen unterschieden. Kurzfristige Forderungen sind solche, die durch die maßgebliche Ratingagentur mit einer „kurzfristigen Bonitätsbeurteilung" versehen sind.[142] Die ist typischerweise bei Ratings mit einem Betrachtungshorizont unter einem Jahr der Fall. Für Forderungen mit einem kurzfristigen Rating im spekulativen Bereich muss mehr Eigenkapital hinterlegt werden als für Forderungen mit vergleichbaren, langfristigen Ratings.[143]

Für ungeratete Forderungen wird nach § 33 Nr. 2 SolvV eine Gewichtung von 100% oder dem höheren Gewicht des Sitzstaates des Schuldners angenommen. Die Annahme dieses Standardgewichtes, welches unter dem Gewicht einer Forderung mit einem Rating im spekulativen Bereich (150%) liegt, birgt die Gefahr, dass Unternehmen Forderungen mit einer hohen Ausfallwahrscheinlichkeit nicht raten lassen. Dies ist problematisch, da gerade Forderungen mit einer hohen Ausfallwahrscheinlichkeit mit hinreichendem Eigenkapital unterlegt werden sollten. Dies könnte durch einen Standardwert in Höhe des Maximalgewichts einer gerateten Forderung, also 150%, vermieden werden.

Grundsätzlich können Derivate auch nach Wahl des Instituts in das Mengengeschäft eingeordnet werden, solange ihnen keine Wertpapiere zugrunde

---

141 Richtlinie 2006/48/EG, L 177, S. 85.
142 Boos- *Schulte-Mattler*, KWG, § 33 SolvV, Rn. 6.
143 Vgl. Anlage 1 Tabelle 8 und 9 SolvV, dargestellt in Anhang B.6.

liegen.[144] Dafür muss der Kontrahent eine natürliche Person, eine Personengesellschaft oder ein kleines oder mittleres Unternehmen sein. Außerdem darf der Wert der Forderungen gegenüber einem Schuldner eine Million Euro nicht übersteigen.[145] Im Mengengeschäft werden alle Positionen nach § 34 SolvV pauschal mit einem Gewicht von 75% versehen. Dies ist darauf zurückzuführen, dass für das Mengengeschäft ein Diversifikationseffekt[146] besteht. Um dies zu erreichen, muss gewährleistet sein, dass eine Einzelposition nicht mehr als 0,2% des gesamten Mengengeschäftes ausmacht (Granularität).[147]

Durch die Multiplikation des ermittelten Risikogewichtes mit der Risikoposition wird der risikogewichtete Positionswert nach § 24 SolvV ermittelt, der dann mit 8% Eigenkapital unterlegt werden muss.

Selbiges gilt für das möglicherweise durch das Derivat entstehende Emittentenrisiko. Dieses muss in die emittentenbezogene Forderungsklasse eingruppiert und gewichtet werden. Dies geschieht dann nach den allgemeinen Regeln. Besonderheiten für Derivate bestehen hierbei nicht.

Eine Sonderregelung für das Kontrahentenrisiko besteht nach § 38 IV SolvV für eine bestimmte Form von Kreditderivaten, bei denen das Institut als Sicherungsgeber in Anspruch genommen werden kann, sobald für einen Korb zum n-ten Mal ein Kreditereignis eingetreten ist. Grundsätzlich ist auch für diese Instrumente nach § 38 IV Nr. 1 SolvV das Rating heranzuziehen. Falls ein solches nicht existiert wird nach § 38 IV Nr. 2 SolvV auf die dahinterstehenden Adressausfallrisiken abgestellt.

b) Kreditrisikominderungstechniken im KSA

Neben der Berücksichtigung von Aufrechnungsvereinbarungen und Sicherheiten des Kontrahenten im Rahmen der Bemessungsgrundlage[148], spielen Sicher-

---

144 *BaFin*, Antwort auf Anfrage T005N001F002.
145 § 25 X Nr. 1,3 SolvV.
146 Der Diversifikationseffekt besagt, dass eine Einzelforderung in der Höhe von x ein höheres Risiko ausmacht als viele Forderungen, die in der Summe den Betrag von x ergeben. Für den Fall, dass die Korrelation zwischen den Forderungen nicht 1 beträgt, ist die Wahrscheinlichkeit für das Ausfallen aller geringen Forderungen geringer als das Ausfallen einer hohen Einzelforderung. Aber nur wenn alle Forderungen ausfallen, besteht Anlass zur Gewichtung mit 100%. Demnach kann die Gewichtung für das Mengengeschäft aufgrund der Diversifikation reduziert werden.
147 *BaFin*, Antwort auf Anfrage T005N001F004.
148 Siehe Kapitel B.II.2.

heiten, die nicht vom Kontrahenten stammen, im Rahmen von § 40 SolvV bei der Gewichtung von Adressausfallpositionen eine Rolle. Eine derartige Sicherheit kann beispielsweise in Form von Pfandrechten, Sicherungsabtretungen oder Kreditderivaten bestehen. Im Folgenden werden allerdings ausschließlich Kreditderivate näher betrachtet.

Um als Sicherheit anerkannt zu werden, müssen Kreditderivate die Anforderungen des § 162 iVm. 165 SolvV und die abzusichernde Position die Voraussetzungen des § 167 SolvV erfüllen.[149] Das Kreditderivat muss demnach als Kreditereignis alle Realisierungsmöglichkeiten des Adressausfallrisikos, beispielsweise die Eröffnung des Insolvenzverfahrens, die Nichtzahlung nach Zeitablauf und vergleichbare Ereignisse, umfassen. Andernfalls ist das Adressausfallrisiko nicht vollständig abgesichert und das Derivat darf nicht berücksichtigt werden. Die abzusichernde Position muss nach § 167 I SolvV der Basiswert des Kreditderivates sein oder es muss anderweitig gewährleistet sein, dass das Kreditderivat im Falle eines Ausfalls der Position eine Zahlung leistet. Sind diese Voraussetzungen erfüllt, stellt das Derivat eine berücksichtigungsfähige Sicherheit dar.

In der Solvabilitätsverordnung werden Kreditderivate als Gewährleistungen behandelt.[150] Mithin ist in einem ersten Schritt der inkongruenzbereinigte Beitrag des Kreditderivates nach § 204 SolvV zu ermitteln. Dabei wird der abgesicherte Betrag ermittelt und dieser mit einem Laufzeitanpassungsfaktor und einem Währungsanpassungsfaktor multipliziert.

Bei Kreditderivaten ist als abgesicherter Betrag grundsätzlich das gesamte Adressrisiko des Basiswertes anzusehen. Falls das Kreditderivat allerdings die Restrukturierung des Kreditnehmers nicht als Kreditereignis vorsieht, ist es nur mit einem Abschlag von 40% anzusetzen.[151] Als Restrukturierung wird in § 205 S. 1 Nr. 3 SolvV der Fall verstanden, in dem der Kreditnehmer seine Zahlungsverpflichtungen aus der Position, für die das Kreditderivat berücksichtigt werden soll, unter Verzicht oder Stundung von Kapital, Zinsen oder Gebühren zulasten des sicherungsnehmenden Institutes restrukturiert. Ist für diesen Fall kein Kreditereignis definiert, besteht für den Sicherungsnehmer aus dem Kre-

---

149 Vgl. *Schulte-Mattler/Manns*, Techniken zur Kreditrisikominderung im Framework von Basel II, S. 52 f.
150 *Hahn*, Kreditrisikominderungstechniken, S. 139.
151 *Gehrmann*, Kreditderivate und Garantien in der neuen Baseler Eigenkapitalvereinbarung, S. 90; *Cramme*, Behandlung Kreditderivate in GroMiKV, Grundsatz I und Basel II, S. 336.

ditderivat das volle Risiko einer Restrukturierung und damit jedenfalls ein zu 40% mit Eigenkapital zu unterlegendes Adressrisiko.

Falls das Kreditderivat nicht die gleiche Laufzeit wie die abzusichernde Position hat, muss eine Anpassung für diese Laufzeitinkongruenz stattfinden.[152] Nach § 184 SolvV dürfen laufzeitinkongruente Sicherungsinstrumente, deren Ursprungslaufzeit kleiner als ein Jahr ist oder deren Restlaufzeit weniger als drei Monate beträgt, nicht berücksichtigt werden. Für alle anderen Instrumente mit einer kürzeren Laufzeit als derjenigen der zu sichernden Position wird ein Abschlag nach § 186 SolvV in Relation zur Laufzeitdifferenz erhoben.[153] Der Abschlag führt zu der Berücksichtigung des Risikos, dass der Kreditnehmer im Zeitraum zwischen Auslaufen des Sicherungsinstrumentes und Auslaufen der abzusichernden Position ausfällt. Die pauschale Nichtberücksichtigung von Instrumenten mit einer Ursprungslaufzeit von weniger als einem Jahr oder einer Restlaufzeit von weniger als drei Monaten für den Fall, dass die Laufzeiten nicht vollständig kongruent sind, erscheint hingegen nicht risikoadäquat. Die Ursprungslaufzeit hat grundsätzlich keine Relevanz für die Höhe des Risikos. Auch können Sicherungsinstrumente mit einer Restlaufzeit von drei Monaten das Adressrisiko noch signifikant mindern, sofern nur eine geringe Laufzeitinkongruenz vorliegt. Hier wäre eine größere Flexibilität der Regelung wünschenswert.

Auch für den Fall, dass das Kreditderivat auf einer anderen Währung basiert als die abzusichernde Position, muss eine Anpassung unter Berücksichtigung des Währungsrisikos stattfinden. Dazu wird ein Währungsschwankungsfaktor[154] als Abschlag auf den abgesicherten Betrag nach § 189 SolvV ermittelt. Dieser berücksichtigt, dass zwischen dem aktuellen abgesicherten Betrag in einer fremden Währung und dem im Falle eines Kreditereignisses zu zahlenden Betrag in der eigenen Währung eine Differenz entstehen kann. Einerseits kann sich der Wechselkurs in der Zeit zwischen dem Kreditereignis und der Zahlung aus dem Sicherungsinstrument verschlechtern, andererseits kann der aktuell angesetzte abgesicherte Betrag nicht mehr dem tatsächlich abgesicherten Betrag entsprechen, wenn sich der Wechselkurs seit der letzten Neubewertung negativ entwickelt hat. Beide Risiken werden im Währungsschwankungsfaktor berücksichtigt.

---

152 *Reichardt-Petry*, Basel II: Vom Kredit über die kreditrisikomindernden Techniken bis zur Verbriefung, S. 367.
153 Vgl. Formel mit Erläuterung in Anhang C.6.
154 Vgl. Formel mit Erläuterung in Anhang C.7.

Der inkongruenzbereinigte abgesicherte Betrag wird in einem zweiten Schritt nach § 40 SolvV als eigenständiger Positionswert mit dem Risikogewichtungsfaktor versehen, der für den Sicherungsgeber gilt. Somit wird also das originäre Risikogewicht durch das des Sicherungsgebers substitutiert. Ein eventuell verbleibender unbesicherter Teil ist weiterhin mit dem originären Risikogewicht des Kreditnehmers zu gewichten.[155]

Bei dieser Vorgehensweise sind insbesondere zwei Aspekte zweifelhaft. Zum einen wird die Berücksichtigung von Hedges sehr eng gezogen. So müssen sich die Absicherungsinstrumente auf die konkret abzusichernde Position beziehen. Eine Absicherung ist aber auch durch Instrumente möglich, die sich stark positiv entwickeln, wenn die abgesicherte Position ausfällt, ohne dass sie sich direkt auf sie beziehen. Somit werden derartige Makro-Hedges nicht hinreichend berücksichtigt.[156] Zum anderen wird die Substitutionsmethode das Risiko einer abgesicherten Position übergewichtet. So wird für eine derartige Position die Ausfallwahrscheinlichkeit des Sicherungsgebers angesetzt. Allerdings setzt der Ausfall einer abgesicherten Position nicht nur den Ausfall des Sicherungsgebers, sondern zugleich auch den Ausfall des Kreditnehmers voraus (Double Default). Dass beide Akteure zur selben Zeit ausfallen, ist aber deutlich unwahrscheinlicher, als dass nur der Sicherungsgeber ausfällt. Insofern müsste eine geringere Gewichtung als für den Sicherungsgeber angesetzt werden.[157]

c) Internal-Rating-Based-Approach (IRBA)

Alternativ zum Kreditrisikostandardansatz kann das Institut zur Ermittlung des Adressausfallrisikos auch auf den IRBA zurückgreifen. Dabei werden verstärkt interne Rating- und Risikoparameter anstatt der aufsichtsrechtlich vorgegebenen Gewichte verwendet.[158]

Die Bemessungsgrundlage für derivative Ausfallrisiken wird hingegen genauso wie im KSA nach § 17 SolvV gebildet. Auch wird die Bemessungsgrundlage für Forderungen gegen einen Zentralen Kontrahenten äquivalent zum KSA nach § 100 X SolvV mit null angesetzt und damit nicht berücksichtigt. Des weiteren findet auch eine Eingruppierung in vergleichbare Risikoklassen statt. Un-

---

155 Vgl. Beispiel unter Anhang A.4.
156 *Henke/Siwik*, Einsatz von Kreditderivaten und Garantien, S. 291.
157 *Baseler Ausschuss*, Die Anwendbarkeit von Basel II auf Handelsaktivitäten und die Behandlung von Double-Default-Effekten, S. 52.
158 *Zerey*, Kreditderivate, § 16, Rn. 26.

terschiede finden sich insbesondere in der Ermittlung des Gewichtungsfaktors für diese Klassen. Dazu werden grundsätzlich vier Risikoparameter berücksichtigt:

1. Die Forderungshöhe bei Ausfall (Exposure at Default)
2. Die Ausfallwahrscheinlichkeit (Probability of Default)
3. Die Verlustquote bei Ausfall (Loss-Given Default)
4. Die Restlaufzeit der Forderung (Maturity)[159]

Während im fortgeschrittenen Verfahren alle Parameter geschätzt werden, wird im einfachen Verfahren nur die Ausfallwahrscheinlichkeit selbst ermittelt und bezüglich der anderen Parameter auf aufsichtsrechtliche Werte zurückgegriffen. Konzeptionell wird innerhalb des IRBA der Value at Risk (VaR)[160] von 99,9% errechnet, also der Verlust des Portfolios, der mit 99,9%-iger Wahrscheinlichkeit nicht überschritten wird.[161]

Dazu wird zum Teil auf komplexe finanzmathematische Modelle zurückgegriffen, die im Rahmen dieser Arbeit nicht erörtert werden können.

4. Verbriefungen

Mit Basel II wurden für Verbriefungen eigene Unterlegungsregeln etabliert, die in den §§ 225 ff. SolvV verankert wurden.[162] Mit Hilfe von Verbriefungen können Ausfallrisiken eines Portfolios handelbar gemacht werden, indem Zahlungsströme verbrieft und typischerweise an den Kapitalmarkt verbracht werden. Somit eröffnet sich für den sogenannten Originator, also den Marktteilnehmer, der den Risiken durch die Vergabe von Darlehen ausgesetzt ist, die Möglichkeit diese Risiken weiterzugeben. Für den Investor auf der anderen Seite wird die Möglichkeit eröffnet, diese Risiken zu erwerben, ohne selbst Darlehen zu vergeben. Damit kann eine bessere Verteilung von Risiken auf mehrere Akteure stattfinden, die zu einer höheren Diversifikation führt und damit grundsätzlich wertschöpfend ist.[163] Auch führen Verbriefungen zu einer höhe-

---

159 *Schulte-Mattler*, IRB-Ansatz – das Einmaleins des Ratings im Kreditrisikobereich, S. 61.
160 Für die konzeptionellen Schwächen des VaR siehe Kapitel B.III.6.
161 *Hofmann*, Risikosensitive Ausgestaltung regulatorischer Eigenmittelanforderungen, S. 101.
162 *Cluse*, Stellmacher, Die IRB-Ansätze, S. 185.
163 *Ricken*, Verbriefung von Krediten und Forderungen in Deutschland, S. 86.

ren Liquidität, da der Kreis der Nachfrager vergrößert wird.[164] Während der Finanzkrise sind Verbriefungen aber stark in die Kritik geraten, da Banken mit diesem Instrument hohe Risiken eingegangen sind, die sich während der Hypothekenkrise in den USA verwirklicht haben.

Bei Verbriefungen unterscheidet man zwischen traditionellen Verbriefungen, bei denen ein tatsächlicher Forderungsverkauf stattfindet (sog. true-sale securtisation), und synthetischen Verbriefungen (sog. synthetic securtisation), bei denen die Kreditrisiken mittels Kreditderivaten übertragen werden.[165] Im Folgenden wird aufgrund der Rolle der Derivate, ausschließlich die synthetische Verbriefung behandelt.

Abbildung 9 verdeutlicht die typische Struktur einer synthetischen Verbriefung:

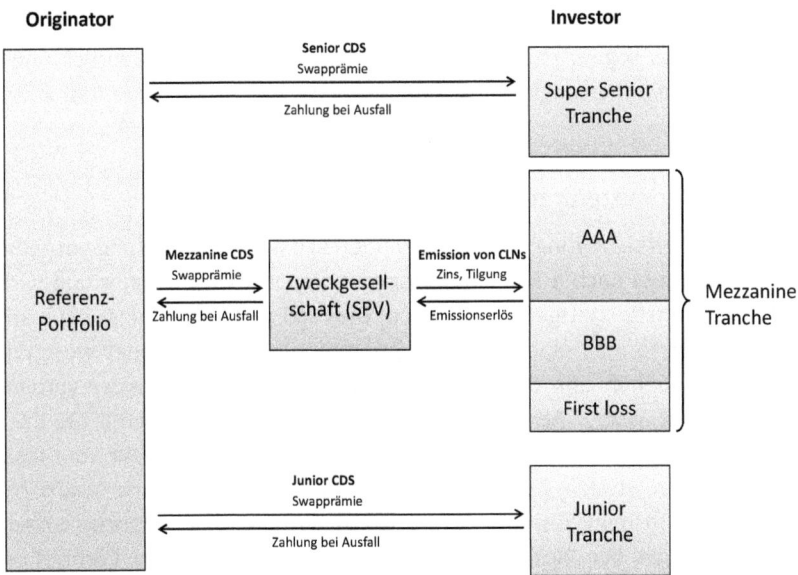

Abb. 9[166]

---

164 *Ricken*, Verbriefung von Krediten und Forderungen in Deutschland, S. 103.
165 *Aberer*, Verbriefungen in der SolvV, S. 185.
166 Angelehnt an: *Kottmann/Lotz/Müller*, Securitisation und Behandlung von ABS-

In einem ersten Schritt werden die Kreditrisiken mit Hilfe von Credit Default Swaps (CDS)[167] in drei Tranchen aufgeteilt. Von einem Ausfall der Kreditnehmer ist immer zuerst die Junior-, dann die Mezzanine- und erst zuletzt die Senior-Tranche betroffen, auf die die transferierten Zahlungsströme zuerst verteilt werden (sog. Wasserfall-Prinzip). Somit sind das Risiko und die Swapprämie bei der Junior-Tranche am größten. Diese Tranche wird häufig vom Originator selbst gehalten. Die Senior-Tranche mit dem geringsten Risiko wird oft von Versicherungen erworben. Für die Weitergabe von Risiken aus der Mezzanine-Tranche wird oft eine Zweckgesellschaft (Special Purpose Vehicle) verwandt, die sogenannte Credit Linked Notes (CLNs) emittiert, für die das SPV den Emissionserlös erhält. Für die CLNs wird ein Zins in Abhängigkeit von dem übernommenen Risiko gezahlt. Der Anleihebetrag selbst wird nur im Falle des Nichteintritts des Kreditereignisses zurückzahlt. Für den Fall, dass sich Kreditrisiken aus der Mezzanine-Tranche realisieren, also Kreditnehmer ausfallen, erhält zuerst das sog. First-Loss-Piece den Nominalbetrag nicht zurück und anschließend die höherrangigen Teile der Tranche, die ein besseres Rating erhalten.[168]

a) Eigenmittelunterlegung

Um eine Berücksichtigung unter den Sonderregeln der Verbriefung vornehmen zu können, muss nach § 232 SolvV insbesondere ein wesentlicher und wirksamer Risikotransfer stattgefunden haben. Dies soll verhindern, dass ein Institut, welches zwar formell eine Verbriefung vornimmt, aber alle oder wesentliche Tranchen einbehält und damit keinen tatsächlichen Risikotransfer vornimmt, besser gestellt wird.[169] Als wesentlich gilt der Risikotransfer nach § 232 II SolvV dann, wenn mindestens 50% der Mezzanine-Tranche nicht mehr vom Institut selbst gehalten werden. Falls keine Mezzanine-Tranche vorhanden ist, darf der Originator nicht mehr als 20% des Verlustes aus der Junior-Tranche tragen.[170] Als wirksam gilt der Risikotransfer im Fall von synthetischen Verbriefungen nach § 232 IV SolvV dann, wenn insbesondere die Kreditderivate den allgemei-

---

Transaktionen, S. 296.
167 Vgl. unter Kapitel A.III.3.
168 Für eine ausführliche Darstellung siehe *Aberer*, Verbriefungen in der SolvV, S. 185 ff.
169 Luz- *Hofmann*, Kreditwesengesetz, § 232 SolvV, Rn. 4.
170 *Hofmann/Morck/Reichardt-Petry*, Die Behandlung von Verbriefungen in Basel und deren Wirkung in der Praxis, S. 214 f.

nen Anforderungen der SolvV erfüllen und keine Bedingungen vereinbart werden, die eine Inanspruchnahme des Investors im Falle eines Ausfalls in Frage stellen.[171]

Sind diese Voraussetzungen erfüllt, werden nach § 232 IV S. 2 SolvV alle verbrieften Adressausfallrisikopositionen durch Verbriefungspositionen ersetzt, wobei eine Verbriefungsposition pro Verbriefungstranche gebildet wird. Dabei ist, vergleichbar mit dem einfachen Absicherungsfall[172], im Falle einer Laufzeitunterdeckung durch das Kreditderivat für diese Position, eine Anpassung nach § 233 SolvV vorzunehmen. Die Verbriefungspositionen sind dann nach §§ 238 bis 268 SolvV zu gewichten und mit Eigenmitteln zu unterlegen. Diese Gewichtung kann wiederum nach dem KSA oder dem IRBA vorgenommen werden. Die zu wählende Methode hängt nach § 226 IV SolvV von der Gewichtungsmethode der zugrundeliegenden Adressausfallpositionen ab. Würden diese überwiegend nach dem KSA unterlegt, so muss auch die Verbriefungsposition nach dieser Methode unterlegt werden. Im Folgenden wird die Behandlung der Verbriefungspositionen im KSA näher dargestellt.

Die Bemessungsgrundlage für Verbriefungen wird nach § 238 SolvV bestimmt, der grundsätzlich auf die allgemeine Ermittlung der Bemessungsgrundlage nach § 49 II SolvV verweist.

Abweichend davon berechnet sich die Bemessungsgrundlage für Originatoren von Verbriefungen revolvierender Forderungen mit der Möglichkeit eines vorzeitigen Tilgungsbeginns nach den §§ 245 ff. SolvV.[173] Davon umfasst sind insbesondere Konstellationen, in denen der Originator immer wieder neu entstehende Kreditrisiken in die Verbriefung einbeziehen möchte, wenn alte Kredite zurückgezahlt wurden (Verbriefungsportfolio mit revolvierenden Adressausfallrisikopositionen). Dieses Vorgehen kann durch die Möglichkeit eines vorzeitigen Tilgungsbeginns unmöglich werden.[174] Somit entfällt dafür die Verbriefbarkeit und der Risikotransfer. Mithin müssen für diese Fälle zusätzliche Eigenmittel unterlegt werden.

Besondere Relevanz hat im Falle von Verbriefungen die Berücksichtigung von Sicherheiten. In dem Beispiel aus Abb. 9 sind für die Junior- und die Senior-

---

171 Vgl. *Fachgremium ABS*, Behandlung von Kündigungsrechten in Verbriefungstransaktionen, S. 1 f.
172 Vgl. Kapitel B.II.3.c).
173 *Walkowiak*, Verbriefungen in Basel II, S. 150; Luz- *Hofmann*, Kreditwesengesetz, §§ 245-248 SolvV, Rn. 1.
174 Boos- *Gerth*, KWG, § 245 SolvV, Rn. 1.

Tranche jeweils Sicherheiten in Form von Kreditderivaten zu berücksichtigen.[175] Für die Mezzanine-Tranche stünde nur die Zweckgesellschaft als Garant zur Verfügung. Da diese regelmäßig keine große Haftungsmasse besitzt, ist sie aber als Garantiegeber nicht zulässig.[176] Allerdings werden regelmäßig die Einnahmen aus der Emission der CLNs als Sicherheiten zur Verfügung gestellt. Die Berücksichtigung von diesen Sicherheiten richtet sich nach den allgemeinen Regeln.

Um die Verbriefungsposition zu ermitteln, muss die Bemessungsgrundlage äquivalent zum regulären KSA mit einem Konversionsfaktor nach § 239 SolvV multipliziert werden, der für alle Positionen, die keine Liquiditätsfazilitäten darstellen, 100% ist. Das Risikogewicht wird für Positionen mit einem Rating nach § 242 SolvV in Abhängigkeit vom Rating ermittelt.[177] Für Positionen ohne Rating kann nach § 243 II SolvV das gewichtete durchschnittliche Risikogewicht der verbrieften Adressrisikopositionen verwendet werde. Falls darüber keine hinreichend aktuellen Informationen vorliegen, muss das Risiko nach § 243 I SolvV mit 1250% gewichtet werden und somit mit 100% Eigenmitteln unterlegt werden.

Für Verbriefungspositionen besteht nach §§ 249, 250 SolvV eine Obergrenze des risikogewichteten Positionswertes. Diese soll verhindern, dass die Eigenmittelunterlegung der verbrieften Adressrisiken nach der Verbriefung größer ist als ohne Verbriefung.[178] Ein wesentlicher und wirksamer Risikotransfer – wie er vorausgesetzt wird – kann nicht zu einer Risikoerhöhung führen. Somit wäre ein höherer Ansatz nach der Verbriefung nicht risikogerecht.

III. Marktrisiko

Neben dem Adressrisiko muss auch das Marktrisiko mit Eigenmitteln unterlegt werden. Das Marktrisiko bezeichnet die Gefahr, dass Änderungen von Preisen zu einer Gefährdung des Institutes führen können.[179] Auch wenn kein Vertragspartner ausfällt, können Veränderungen der Preise der gehaltenen Instrumente

---

175 Vgl. dazu Kapitel B.II.3.b).
176 *Kottmann/Lotz/Müller*, Securitisation und Behandlung von ABS-Transaktionen, S. 305.
177 Anlage 1 Tabelle 11, dargestellt unter Anhang B.6.
178 Boos- *Gerth*, Kreditwesengesetz, § 249 SolvV, Rn. 1.
179 *Bieg/Krämer/Waschbusch*, Bankenaufsicht in Theorie und Praxis, S. 32.

dazu führen, dass die Verbindlichkeiten des Instituts die Forderungen und die Eigenmittel übersteigen.

Die Solvabilitätsverordnung unterscheidet bei den Marktrisiken zwischen Fremdwährungsrisiken, Rohwarenpreisrisiken, Handelsbuchrisiken und sonstigen Marktrisiken.[180] Zur Ermittlung dieser unterlegungspflichtigen Positionen können grundsätzlich nach §§ 313 ff. SolvV eigene Risikomodelle verwendet werden,[181] soweit die BaFin ihre Zustimmung dazu erteilt hat. Die SolvV sieht aber in den §§ 294 ff. SolvV auch die Berechnung mittels eines Standardverfahrens vor, welches sich nach Risikokategorien unterscheidet.[182]

1. Berücksichtigung von Derivaten

Im Bereich der Marktrisiken werden Derivate im Standardverfahren regelmäßig mit den ihnen zugrunde liegenden Liefer- und Zahlungsansprüchen oder -verpflichtungen angesetzt.[183] Von diesem Grundsatz sind allerdings Optionen ausgenommen. Diese beinhalten bedingte Lieferansprüche oder -verpflichtungen. Ihre Berücksichtigung findet daher nach § 308 SolvV statt.

Grundsätzlich werden Optionen, vergleichbar mit dem Verfahren im Bereich der Adressrisiken, mit ihrem Deltaäquivalent[184] nach § 308 I berücksichtigt. Die Annäherung der Wertänderung mittels Delta ist insbesondere für große Wertschwankungen sehr ungenau. Daher müssen Handelsbuchinstitute, die typischerweise in größerem Umfang Optionsgeschäfte betreiben, entweder die Delta-Plus-Methode oder die Szenario-Matrix-Methode zur Berücksichtigung von Optionen verwenden.

a) Delta-Plus-Methode[185]

Bei der Delta-Plus-Methode handelt es sich um eine Verfeinerung der reinen Berücksichtigung des Deltas. Neben Delta werden dabei noch Gamma und Vega zur Approximation der Wertveränderung der Option bei gegebener Wertver-

---

180 *Schimpfhauser/Gendrisch*, Überblick über die Methoden der Marktrisikomessung mit Standardverfahren, S. 233; beispielsweise auch in § 4 SolvV.
181 Siehe Abschnitt 6.
182 Siehe Abschnitte 2-6.
183 Vgl. u.a. § 295 I Nr. 2; § 296 II Nr. 2; § 299 I Nr. 1 SolvV.
184 Zur Herleitung von Delta vgl. Anhang C.1.
185 Eine technische Beschreibung findet sich in Anhang C.8.

änderung des Basiswertes verwandt. Wie in Kapitel A.III.2. intuitiv gezeigt wurde, steigt der Anteil des Basiswertes an, je weiter die Option im Geld ist. Ist die Option weit aus dem Geld, ist das Deltaäquivalent nahezu null. Ist die Option hingegen weit im Geld, ist das Deltaäquivalent nahezu Eins. In dem Basismodell, welches ausschließlich mit Delta rechnet, wird Delta als statische Größe angenommen und die dargestellte Veränderung des Deltas, abhängig von Veränderungen des Basiswerts, nicht berücksichtigt. Die Einbeziehung von Gamma ermöglicht dies. Vega bezieht die Schwankungsintensität des Basiswerts in die Berechnung ein. Wenn der Basiswert sich zwar nicht im Wert verändert, aber dessen Volatilität kleiner oder größer wird, hat dies ebenfalls Einfluss auf den Optionspreis. Um dieses Risiko zu berücksichtigen, wird auch Vega in die Delta-Plus-Methode einbezogen. Während das Delta-Risiko durch die Einbeziehung der Option in Höhe von Delta in die allgemeinen Marktrisikokategorien abgedeckt wird, müssen für das Gammafaktor-Risiko und das Vegafaktor-Risiko nach § 309 und § 310 SolvV eigene Rücklagen gebildet werden.[186] Dabei werden die Risiken jeweils gruppenweise nach § 309 V innerhalb von bestimmten Risikokategorien zusammengefasst, um Diversifikationseffekte zu berücksichtigen.

Problematisch ist in dieser Methode insbesondere die verbleibende Ungenauigkeit der Approximation. Diese führt dazu, dass größere Veränderungen des Basispreises nicht adäquat abgebildet werden können. Die Einbeziehung von Theta, also der Veränderung des Optionspreises mit dem Zeitverlauf, könnte dazu beitragen, die Methode zu verbessern.[187]

b) Szenario-Matrix-Methode

Neben der Delta-Plus-Methode kann auch die Szenario-Matrix-Methode angewandt werden, um die Risiken aus Optionen zu ermitteln. Gerade für exotische Optionen, für welche auch die Annäherungen der Delta-Plus-Methode keine adäquaten Ergebnisse liefern, bietet sich diese Methode an.[188] Entscheidet sich das Institut für diese Methode, müssen nach § 308 III S. 1 SolvV alle Optionsgeschäfte einheitlich und dauerhaft danach beurteilt werden. Nach dieser Me-

---

186 Für die genaue Höhe siehe Anhang C.8.
187 *Leippold/Jovic*, Das Standardverfahren zur Eigenmittelunterlegung: Analyse der Wahlmöglichkeiten, S. 14 f.
188 *Gruber*, Behandlung von komplexen Finanzprodukten, S. 275.

thode ist eine Matrix zu erstellen, die bestimmte Mindestschwankungen von Wert und Volatilität des Basiswertes vorsieht. Um die Werte der Optionen in den jeweiligen Szenarien zu ermitteln, werden diese wiederum gemäß § 309 V SolvV nach Risikokategorien zusammengefasst, wobei einige Abweichungen von den typischen Marktrisikokategorien vorgesehen sind. Diese eröffnen dem Institut mehr Flexibilität in der Gliederung. Möglich wird diese Freiheit durch die exaktere Bestimmung des Verlustpotentials.[189]

Im Anschluss werden die von § 311 II vorgesehenen Szenarien simuliert und der Wert der jeweiligen Optionsklassen in diesem Szenario berechnet. Dabei sind sowohl Volatilitätsänderungen als auch Preisänderungen zu berücksichtigen. Beispielsweise könnte eine solche Matrix wie folgt gestaltet sein:

Vola\Preis	- 8%	-5,34%	-2,66%	0%	+2,66%	+5,34%	+8%
+25%							
0%							
-25%							

Als Anrechnungsbetrag gilt nach § 311 II S. 4 SolvV der Absolutbetrag des größten Verlustszenarios.

Durch die Anwendung der Szenario-Matrix-Methode wird eine Berücksichtigung der jeweiligen Instrumente im Rohwaren-, Währungs- und dem allgemeinen Zins- und Aktienrisiko überflüssig, da diese Risiken schon vom Szenarienmodell abgedeckt sind (Carving-out).[190] Somit wird bei Verwendung dieser Methode im Gegensatz zur Delta-Plus-Methode auch kein Deltaäquivalent in den Marktrisikokategorien mehr berücksichtigt.

Die Szenario-Matrix-Methode führt regelmäßig zu exakteren Ergebnissen als die Delta-Plus-Methode, allerdings ist es möglich, Produkte so zu strukturieren, dass die Verluste in nicht abgedeckten Bereichen der Matrix eintreten, und damit das Risiko zu verschleiern.[191]

2. Fremdwährungs-Risikopositionen

Das Fremdwährungsrisiko bezeichnet das Risiko, dass sich der Wert der eigenen Position aufgrund von Währungsschwankungen verringert. Sobald die Ba-

---

189 *C & L Deutsche Revision*, 6. KWG-Novelle und neuer Grundsatz I, S. 381.
190 *C & L Deutsche Revision*, 6. KWG-Novelle und neuer Grundsatz I, S. 381.
191 *Leippold/Jovic*, Das Standardverfahren zur Eigenmittelunterlegung: Analyse der Wahlmöglichkeiten, S. 17.

gatellgrenze des § 4 III SolvV von 128.000 Euro in Fremdwährungen überschritten ist, muss ein Institut Eigenmittel für Fremdwährungs-Risikopositionen nach §§ 294, 295 SolvV bereitstellen. Neben Fremdwährungen wird auch Gold in dieser Kategorie erfasst. Dies ist darauf zurückzuführen, dass Gold eine mit Währungen vergleichbare Volatilität aufweist und eine Behandlung als Rohware somit nicht risikoadäquat wäre.[192]

Derivate, die als Festgeschäfte ausgestaltet sind, werden vollständig in Höhe ihrer Zahlungsansprüche und -verpflichtungen angesetzt. Devisen- oder Goldoptionen mit ihrem Deltaäquivalent nach § 308 SolvV und sonstige Optionen, die in einer fremden Währung notiert sind, mit ihrem Marktwert.

In einem ersten Schritt wird durch Zusammenfassung aller Ansprüche und Verpflichtungen in derselben Fremdwährung nach § 294 I SolvV eine offene Einzelwährungsposition gebildet. Im Anschluss werden alle Nettoansprüche und alle Nettoverpflichtungen aus den offenen Einzelwährungspositionen in unterschiedlichen Währungen separat addiert. Der größere Wert stellt dann die Nettowährungsposition nach § 294 II SolvV dar. Damit wird von der SolvV bezogen auf die Korrelation ein Middle-Case-Szenario zugrunde gelegt. Im besten Fall (Best-Case-Szenario) würden sich Wertentwicklungen von Verpflichtungen und Ansprüchen in Fremdwährungen vollständig gegenseitig kompensieren. Dann könnte ein vollständiges Netting zwischen den offenen Einzelwährungspositionen stattfinden. Diese Annahme wäre gerechtfertigt, wenn angenommen würde, dass sich einzig die eigene Währung im Wert verändert. Da sich aber auch Fremdwährungen untereinander im Wert verändern, ist die Korrelation typischerweise kleiner. Im schlechtesten Fall (Worst-Case-Szenario) würde keine Korrelation vorliegen und die Summen der Nettoansprüche und Nettoverpflichtungen müssten gleichermaßen unterlegt werden. Durch die alleinige Unterlegungspflicht für den größeren der beiden Werte wird folglich ein Mittelweg gewählt, der eine gewisse Korrelation berücksichtigt.[193]

Nachweislich eng verbundene Währungen im Sinne des § 294 V SolvV müssen, soweit sie sich ausgleichen, nur hälftig berücksichtigt werden. Dies ist auf die erhöhte Korrelation zwischen derartigen Währungen zurückzuführen.

Auf die derart ermittelte Nettowährungsposition wird die offene Goldposition aufaddiert, um die Währungsgesamtposition zu erhalten. Damit wird für die Korrelation der Währungen mit dem Goldpreis der Worst Case, also eine

---

192 *Bieg/Krämer/Waschbusch*, Bankenaufsicht in Theorie und Praxis, S. 564.
193 *Waschbusch*, Bankenaufsicht, S. 284; *Schulte-Mattler/Traber*, Marktrisiko und Eigenkapital, S. 119.

Korrelation von null, angenommen. Sobald die Freigrenze[194] nach § 294 III S. 1 SolvV überschritten ist, muss die Währungsgesamtposition mit 8% angerechnet werden, um das Fremdwährungsrisiko zu unterlegen.[195]

3. Rohwaren-Risikopositionen

Neben Fremdwährungsrisiken, müssen auch Risiken aus Rohwarenpreisänderungen unterlegt werden. Für Silber und Platin gilt aber eine Bagatellgrenze von 26.000 Euro nach § 4 V SolvV. Die Einbeziehung von Derivaten wird äquivalent zu den Fremdwährungsrisiken vorgenommen. Festgeschäfte werden in Höhe ihrer Zahlungsansprüche und -verpflichtungen angesetzt, Optionen in Höhe ihres Deltaäquivalents. Die aus den Fremdwährungsrisiken bekannte Kategorie „sonstige Optionen" wird bei Rohwarenrisiken hingegen nicht benötigt.

Die Ermittlung des Unterlegungsbetrages kann entweder nach der vereinfachten Methode oder nach der Zeitfächermethode erfolgen.

Bei der Standardmethode wird für jede Rohware eine Bruttoposition (Summe aller Positionen unabhängig von ihrem Vorzeichen) und eine Nettoposition (Unterschiedsbetrag zwischen positiven und negativen Positionen) ermittelt. Die Nettoposition wird dann nach § 296 V SolvV mit 15% gewichtet und die Bruttoposition mit 3%. Das Institut ist dem Risiko einer Wertänderung der Rohware in Höhe seiner Nettoposition ausgesetzt (besonderes Preisrisiko). Dieses Risiko muss mit 15% Eigenmitteln unterlegt werden. Darüber hinaus müssen auch von der Rohware selbst unabhängige Risiken abgedeckt werden, wie beispielsweise die Änderung des Zinssatzes, die sich ebenfalls auf den Preis von Rohwarenpositionen auswirkt (allgemeines Preisrisiko). Grundsätzlich sind von einer derartigen Änderung Instrumente mit längerer Laufzeit stärker betroffen als Instrumente mit kürzerer Laufzeit. Da in der vereinfachten Methode eine derartige Unterscheidung aber nicht vorgenommen werden kann, wird die Bruttoposition vollständig mit 3% gewichtet.[196]

---

194 Im Gegensatz zur Bagatellgrenze richtet sich die Freigrenze nach der Höhe der Eigenmittel und damit nach der Größe des Instituts. Überschreitet die Nettoposition nicht 2% der Eigenmittel und die Bruttoposition nicht 100% der Eigenmittel, so ist das Institut von einer Unterlegung freigestellt, da dann das Fremdwährungsrisiko keine nennenswerte Risikogröße darstellt.
195 Vgl. ausführliches Beispiel unter A.5.
196 C & L Deutsche Revision, 6. KWG-Novelle und neuer Grundsatz I, S. 412.

In der Zeitfächermethode nach § 297 SolvV wird hingegen eine Unterscheidung nach der Laufzeit vorgenommen. Hierzu werden die Rohwarenpositionen nach Laufzeiten eingeordnet[197] und innerhalb von sieben Zeitbändern zusammengefasst. Offene Positionen können mit offenen Positionen einer anderen Laufzeit verrechnet werden, müssen dann aber mit einem Risikogewicht von 0,6% für jeden Wechsel des Zeitbandes versehen werden. Dieses Risikogewicht deckt das Risiko aus einer unterschiedlichen Wertentwicklung der Positionen mit verschiedener Laufzeit ab. Die verbleibende offene Position ist zur Berücksichtigung des Risikos einer Veränderung des Rohwarenpreises mit 15% zu gewichten und geschlossene Positionen müssen mit 1,5% pro Position (3% für die Gesamtposition) für das von Rohwarenpreis unabhängige Risiko gewichtet werden. Nur geschlossene Positionen, deren Fälligkeitstermin innerhalb von zehn Tagen liegt, können auch für das allgemeine Risiko außer Acht gelassen werden.[198]

Die Zeitfächermethode führt regelmäßig zu einem geringeren Eigenmittelbedarf, um einen Anreiz zu schaffen, diese genauere Methode zu verwenden. Dennoch ist im Rahmen des Standardverfahrens – gerade im Bereich der Rohwarenrisiken – problematisch, dass für alle Rohwaren der gleiche Unterlegungssatz angenommen wird.[199] Die Wertschwankungen von verschiedenen Rohwarentypen sind aber zum Teil sehr unterschiedlich, sodass eine genauere Differenzierung zur Bemessung des besonderen Preisrisikos auch im Standardverfahren wünschenswert wäre.

Darüber hinaus wäre auch eine Zusammenfassung von Positionen über einzelne Rohwarenkategorien hinweg für die Ermittlung des allgemeinen Preisrisikos angemessener. Das allgemeine Preisrisiko zeichnet sich gerade dadurch aus, dass es von der Rohware selbst unabhängige Wertschwankungen verursacht, die alle Rohwarenkategorien betreffen. Somit können auch gegenläufige Positionen mit einer ähnlichen Laufzeit aber in anderen Rohwaren das allgemeine Marktrisiko mindern.

---

197 Anlage 1, Tabelle 20; abgebildet in Anhang B.7.
198 Für ein ausführliches Beispiel für beide Methoden siehe Anhang A.6.
199 Vgl. *C & L Deutsche Revision*, 6. KWG-Novelle und neuer Grundsatz I, S. 413.

4. Handelsbuch-Risikopositionen

Handelsbuchinstitute müssen für ihre Handelsbuchpositionen nach § 1a KWG, also für Positionen, die sie zum Zweck des kurzfristigen Wiederverkaufs erworben haben,[200] zusätzliche Risiken aus Kursschwankungen und Zinsschwankungen unterlegen. Damit privilegiert der Gesetzgeber längerfristige Geschäfte des Anlagenbuches, die nicht mit Eigenmitteln für Zins- und Kursrisiken unterlegt werden müssen. Im Bereich der Handelsbuch-Risikopositionen findet, wie schon im Bereich der Rohwarenrisiken, eine Abgrenzung zwischen allgemeinen und besonderen Risiken statt. Diese Unterscheidung stammt aus der Portfoliotheorie, insbesondere dem Capital Asset Pricing Model (CAPM).[201] Unter dem allgemeinen Risiko ist dabei das Risiko zu verstehen, dass sich der Wert des Instruments aufgrund einer Änderung der allgemeinen Marktbedingungen verändert, während das besondere Risiko ausschließlich Kursveränderungen aufgrund der Situation des Emittenten umfasst. Auch der Ausfall eines Emittenten ist im besonderen Risiko enthalten, womit dieses auch als eine Sonderform des Adressrisikos betrachtet werden kann.[202] Mithin muss für Instrumente des Handelsbuchs keine separate Unterlegung für das emittentenbezogene Ausfallrisiko stattfinden.[203] Eine derartige Anrechnung würde einer doppelten Berücksichtigung gleich kommen.

a) Ermittlung der Nettoposition

In einem ersten Schritt muss für alle Handelsbuch-Risikopositionen die Nettoposition ermittelt werden. Darunter wird die Zusammenfassung von sich nach § 299 IV SolvV weitgehend entsprechenden Positionen des Handelsbuchs mit einem Aktienkurs- (Aktiennettoposition) oder einem Zinsrisiko (Zinsnettoposition) verstanden.

Derivate, die als Festgeschäft ausgestaltet sind, werden nach § 299 II SolvV in eine Wertpapierposition und eine Finanzierungsposition aufgespalten (sog. Two-Legs-Ansatz).[204] Unter der Wertpapierposition ist der Anspruch oder die

---

200 Schwennicke- *Auerbach/Grol*, KWG, § 1a, Rn. 24.
201 Luz- *Hellstern*, KWG, §§ 294-318, Rn. 29; eine Übersicht über das CAPM ist in Anhang C.9 dargestellt.
202 *Waschbusch*, Bankenaufsicht, S. 299.
203 Vgl. schon Kapitel B.II.1.
204 *Gruber/Raskopf*, Die Behandlung von derivativen Zinsinstrumenten in der Kapitaladäquanzrichtlinie, S. 777; Boos- *Schulte-Mattler*, KWG, § 299 SolvV, Rn. 11.

Verpflichtung zu Lieferung des Basiswertes zu verstehen. Diese Position ist im Rahmen des Kursrisikos zu berücksichtigen. Unter der Finanzierungsposition ist im Gegenzug der Anspruch oder die Verpflichtung zur Zahlung eines Geldbetrages zu verstehen. Ein reines Zinsderivat, beispielsweise ein Zinsswap, ist dabei in zwei Finanzierungspositionen zu zerlegen.[205] Wertpapierpositionen werden in Höhe des aktuellen Marktpreises des Basiswerts einbezogen und Finanzierungspositionen mit dem Gegenwartswert der zukünftigen Zahlung. Optionen werden nach § 308 mit ihrem Deltaäquivalent berücksichtigt.

Eine gesonderte Ermittlung der Nettopositionen findet für Kreditderivate nach § 299 V-XI SolvV statt. Dabei werden zwei Grundformen von Kreditderivaten unterschieden:

1. der Credit Default Swap (CDS)[206] und
2. die Credit Linked Note (CLN)[207]

Diese sind je nach Art der Zahlungsströme mit ihren Risiken zu berücksichtigen. Ein CDS ist bezogen auf den Basiswert einem besonderen- aber keinem allgemeinen Kursrisiko ausgesetzt. Ziel des CDS ist es gerade, das Ausfallrisiko von dem allgemeinen Marktrisiko zu trennen. Eine Zinsänderung führt typischerweise nicht zu einer starken Veränderung des Wertes eines CDS.[208] Bezogen auf die Finanzierungskomponente muss hingegen das allgemeine Zinsrisiko berücksichtigt werden. Eine CLN unterscheidet sich von einem CDS einzig durch die Finanzierungskomponente, die als Anleihe des Emittenten ausgestaltet ist. Für diese ist sowohl ein allgemeines als auch ein besonderes Kursrisiko zu unterlegen. Für den Basiswert ist, wie im CDS, das besondere Kursrisiko unterlegungspflichtig. Kreditderivate werden grundsätzlich mit dem Nominalwert der zugrunde liegenden Kreditrisiken angesetzt.

Für Kreditderivate, die mehr als eine Referenzverbindlichkeit haben, werden die Risiken aus den einzelnen Referenzverbindlichkeiten nach § 299 VI SolvV anteilig addiert. Alternativ kann für das besondere Kursrisiko bestimmter Kreditderivate, die über ein gutes Rating im Sinne des § 303 III SolvV verfügen,

---

205 Eine intuitive Begründung dafür wurde in Kapitel A.III.3. dargestellt.
206 Dabei wird das Ausfallrisiko übertragen, vgl. Kapitel A.III.3.
207 Diese stellt eine Kombination aus einem CDS und einer Anleihe dar, vgl. Kapitel B.II.4.
208 Eine Zinsänderung beeinflusst nur den Wert von Zahlungsströmen. Die Wahrscheinlichkeit einer Zahlung aus dem CDS ist aber derart gering, dass der Erwartungswert der Zahlungsströme von einer Zinsänderung kaum beeinflusst wird.

nach § 299 VIII SolvV auch dieses Rating anstelle der Einzelverbindlichkeiten herangezogen werden.

b) Zinsrisiko

Nach der Ermittlung der Zinsnettopositionen müssen im nächsten Schritt die Anrechnungsbeträge nach der einfachen Jahresbandmethode nach § 301 SolvV oder nach der komplexeren Durationsmethode nach § 302 SolvV ermittelt werden.

Nach der Jahresbandmethode ist jede Zinsnettoposition in ein Laufzeitband abhängig von ihrer Laufzeit und ihrem Zinssatz einzuordnen.[209] Die Zinsnettoposition ist im nächsten Schritt mit einem vorgegebenen Pauschalgewicht zu multiplizieren. Dieses Pauschalgewicht leitet sich aus der Sensitivität der jeweiligen Laufzeitbänder gegenüber Zinsänderungen ab.[210] Zinsnettopositionen aus Forderungen haben ein positives Vorzeichen, während Zinsnettopositionen aus Verbindlichkeiten ein negatives Vorzeichen haben.

Durch Zusammenfassungen innerhalb der Laufzeitbänder wird berücksichtigt, dass sich die Positionen im Wert bei gleicher Zinsänderung in unterschiedliche Richtungen entwickeln und sich dabei zumindest teilweise ausgleichen. Dieser Ausgleich wird aber umso schlechter, je unterschiedlicher die Laufzeiten sind. Daher wird die Zusammenfassung schrittweise vorgenommen und ausgeglichene Positionen umso stärker mit Eigenmitteln unterlegt, je größer die Laufzeitinkongruenz ist.[211]

Alternativ zur Jahresbandmethode kann zur Bestimmung des Anrechnungsbetrags für das allgemeine Zinsrisiko auch die genauere Durationsmethode nach § 302 SolvV angewandt werden.[212] Dazu wird die mo-

---

209 Anlage 1, Tabelle 23 SolvV; abgebildet in Anhang B.8.
210 So wird zwischen Positionen mit einem hohen Nominalzins (Coupon >= 3%) und solchen mit einem niedrigen oder keinem Nominalzins (Coupon < 3%) unterschieden. Je höher der Coupon, also der jährlich gezahlte Betrag ist, desto niedriger ist der verbleibende ausstehende Betrag und desto niedriger ist somit auch die Zinssensitivität. Für Zinsnettopositionen mit einem hohen Nominalzins muss somit also bei gleicher Laufzeit eine geringere Eigenmittelunterlegung stattfinden. Der Unterschied wird umso größer, je größer die Restlaufzeit der Positionen ist; siehe auch Waschbusch, Bankenaufsicht, S. 333.
211 Für ein ausführliches Beispiel der Jahresband- und der Durationsmethode siehe unter A.7.
212 Für ein ausführliches Beispiel der Jahresband- und der Durationsmethode siehe unter

difizierte Duration für jede Zinsnettoposition errechnet, die ein Maß für die Zinssensitivität darstellt.[213] Mit Hilfe dieser Duration werden die Zinsnettopositionen dann in Laufzeitbänder eingeteilt und gewichtet.[214] Das weitere Vorgehen entspricht derjenigen der Jahresbandmethode. Aufgrund der genaueren Risikoabbildung muss aber die ausgeglichene Bandposition nicht mit 10%, wie in der Jahresbandmethode, sondern nur mit 5% gewichtet werden.

Das besondere Zinsrisiko wird einheitlich nach § 303 SolvV ermittelt. Danach wird die Zinsnettoposition in eine von vier Kategorien eingeordnet: Staatliche Stellen, Positionen mit hoher Anlagenqualität, spekulative Positionen und sonstige Positionen. Für Forderungen gegen Staaten der Bonitätsstufe 1 oder von derartigen Staaten getragenen Stellen wird eine Ausfallwahrscheinlichkeit von null angenommen, sodass kein besonderes Zinsrisiko unterlegt werden muss. Dies gilt in gleichem Maße für derivative Zinsnettopositionen, denen kein Emittentenrisiko zugrunde liegt.

Zinsnettopositionen für Forderungen mit hoher Anlagequalität nach § 303 III SolvV müssen in Abhängigkeit ihrer Restlaufzeit mit 0,25%[215] (Restlaufzeit bis zu 6 Monate), mit 1%[216] (Restlaufzeit mehr als 6 Monate bis zu 2 Jahren) oder mit 1,6%[217] (Restlaufzeit mehr als 2 Jahre) unterlegt werden. Um als Forderung mit hoher Anlagequalität zu gelten, muss sie über ein Rating der Bonitätsstufe 1-3 (Investment Grade) verfügen oder ein vergleichbares Ausfallrisiko aufweisen.

Im Gegenzug müssen spekulative Geschäfte nach § 303 IV SolvV mit 12% Eigenmitteln unterlegt werden. Als solche gelten Wertpapiere von Unternehmen mit der Bonitätsstufe 5 und 6 und solche von staatlichen Stellen mit der Bonitätsstufe 6 sowie vergleichbare Wertpapiere.

Alle Zinsnettopositionen, die in keine der vorgenannten Kategorien fallen, werden pauschal mit 8% unterlegt.

Für Zinspositionen, die durch ein Kreditderivat besichert sind, sieht § 303 VI SolvV für das besondere Kursrisiko eine gesonderte Regelung vor. Ein Ausfallrisiko liegt für diese Positionen bei einer vollständigen Absicherung nicht mehr

---

A.7.
213 Siehe schon Kapitel B.II.2.c) und ausführlich Anhang C.4.
214 Anlage 1, Tabelle 24 SolvV; abgebildet in Anhang B.9.
215 3,125% * 8% = 0,25%.
216 12,5% * 8% = 1%.
217 20% * 8% = 1,6%.

vor.[218] Die SolvV sieht für abgesicherte Zinspositionen ein mehrstufiges Anrechnungsverfahren in Abhängigkeit von der Übereinstimmung von Kreditderivat und abzusichernder Zinsposition vor.[219]

Im Gegensatz zum besonderen Aktienkursrisiko findet im besonderen Zinsrisiko keine allgemeine Berücksichtigung von Diversifikationseffekten statt. Dies benachteiligt Institute mit einem gut diversifizierten Handelsbuch-Portfolio ohne ersichtlichen Grund. Eine Ausnahme besteht einzig für qualifizierte Verbriefungsprodukte, die dem Correlation Trading Portfolio zugeordnet sind. Für sie darf seit der Umsetzung der CRD III[220] nach § 303 Vb SolvV innerhalb des Portfolios der höhere Betrag aus der positiven Zinsnettoposition und der negativen Zinsnettoposition als Bemessungsgrundlage herangezogen werden.[221]

c) Aktienkursrisiko

Für Aktiennettopositionen findet eine Eigenmittelunterlegung des allgemeinen Kursrisikos nach § 304 SolvV und des besonderen Kursrisikos nach § 305 SolvV statt. Zur Ermittlung des allgemeinen Kursrisikos werden die Positionen für jeden nationalen Aktienmarkt zusammengefasst und der verbleibende Unterschiedsbetrag mit 8% unterlegt. Dieser Methode liegt die Annahme zugrunde, dass sich gegenläufige Aktienpositionen innerhalb eines nationalen Aktienmarktes, nicht aber zwischen verschiedenen nationalen Aktienmärkten, adäquat aufheben. Soweit sich die Positionen gegenläufig entwickeln, sind sie kei-

---

218 Vgl. Kapitel B.II.3.c) über Kreditrisikominderungstechniken.
219 Positionen, die vollständig deckungsgleich sind, müssen schon nicht in der Nettobemessungsgrundlage nach § 299 X SolvV berücksichtigt werden. Besteht zwar keine vollständige, aber eine weitestgehende Absicherung nach § 303 VI Nr. 1 SolvV, so werden die gegenläufigen Zinsnettopositionen zusammengefasst und es müssen nur 20% der mit mehr Eigenmitteln zu unterlegenden Zinsnettopositionen erfasst werden. Ist auch diese Anforderung nicht erfüllt, besteht noch die Möglichkeit der Berücksichtigung, wenn zumindest die Voraussetzungen des § 303 VI Nr. 2 SolvV erfüllt sind. In diesem Fall sind die gegenläufigen Zinspositionen ebenfalls zusammenzufassen, allerdings muss die Position mit der höheren Eigenmittelanforderung vollständig erfasst werden. In allen anderen Fällen findet keine Berücksichtigung der Absicherungswirkung statt.
220 Capital Requirements Directive III, Richtlinie 2010/76/EU; umgesetzt durch Umsetzungsverordnung in BGBl. 2011, Teil I, Nr. 54, S. 2103 f.
221 *Stickelmann*, Neue aufsichtliche Anforderungen für Marktrisikopositionen, S. 259 f.

nem allgemeinen Aktienkursrisiko mehr ausgesetzt und müssen daher auch soweit nicht unterlegt werden. Dem besonderen Kursrisiko, also dem Risiko, dass sich der Aktienkurs aufgrund von Unternehmensspezifischen Umständen ändert, ist hingegen jede Aktienposition unabhängig von ihrer Ausrichtung ausgesetzt. Bestandsvermehrende Positionen sind dem Risiko eines fallenden Kurses und bestandssenkende Positionen dem Risiko eines steigenden Kurses ausgesetzt. Demnach müssen auch grundsätzlich alle Positionen mit 8% Eigenmitteln unterlegt werden. Der Diversifikationseffekt wird nur für börsengehandelte Terminkontrakte auf einen gängigen Aktienindex berücksichtigt. Derartige Terminkontrakte müssen bei der Unterlegung des besonderen Aktienkursrisikos nicht berücksichtigt werden. Eine Position in allen Aktien eines gängigen Aktienindexes muss hingegen vollständig mit 8% Eigenmitteln unterlegt werden. Diese Ungleichbehandlung widerspricht dem Risikoadäquanzprinzip der SolvV.[222] Eine umfassende Berücksichtigung des Diversifikationseffektes würde zu einer besseren Abbildung des zugrunde liegenden Risikos führen.

5. Andere Marktrisikopositionen

Mit Hilfe der bisher vorgestellten Kategorien lässt sich die deutliche Mehrzahl an Risiken erfassen. Innovative Basiswerte, wie Wetterderivate, Emissionszertifikate oder Derivate auf volkswirtschaftliche Kennzahlen wie die Inflation können hingegen nicht unter die bekannten Kategorien subsumiert werden.[223] Um dennoch eine risikoadäquate Erfassung zu gewährleisten, ist in § 312 SolvV eine Methode zur Ermittlung der Eigenmittelunterlegungspflicht dargestellt. Für die Ermittlung der anderen Marktrisikopositionen werden neben den Geschäften, die nicht anderweitig subsumierbar sind, auch deren Absicherungsgeschäfte erfasst, soweit ein Institut dies beantragt. Nur so kann ein Absicherungsgeschäft angemessen berücksichtigt werden.

Methodisch werden historische Werte und Wertschwankungen herangezogen, um den Unterlegungsbetrag zu ermitteln.[224] Dieses Verfahren ist an die

---

222 *Leippold/Jovic*, Das Standardverfahren zur Eigenmittelunterlegung: Analyse der Wahlmöglichkeiten, S. 7.
223 Insbesondere ist eine Subsumtion unter die Kategorie Rohwaren nicht möglich, da ihre Nichtlagerbarkeit zu anderen Volatilitäten als derjenigen von Rohwaren führt (vgl. Boos- *Manns*, KWG, § 312, Rn. 2.).
224 Für eine genaue Darstellung vergleiche Anhang C.10.

Ermittlung der Unterlegung nach internen Modellen angenähert.[225] Durch ein Backtesting-Verfahren[226] wird im Nachgang festgestellt, ob der ermittelte Eigenmittelbetrag für diese Marktrisikopositionen ausreichend war.

6. Eigene Risikomodelle

Anstelle des Standardverfahrens können Institute nach §§ 313 – 318e SolvV auch eigene Risikomodelle verwenden, um das Marktrisiko mit Eigenmitteln zu unterlegen. Diese Verfahren müssen von der BaFin genehmigt werden und sowohl quantitative als auch qualitative Vorgaben erfüllen.[227] Vergleichbar mit der Internen Modelle Methode im Bereich der Adressrisiken, müssen in qualitativer Hinsicht Arbeits- und Ablauforganisation derart gestaltet sein, dass ein angemessenes, zeitnahes und hochwertiges Risikomanagement und -controlling gewährleistet ist.[228] In quantitativer Hinsicht stellt die Verwendung des sogenannten Value at Risk (VaR) mit einem Konfidenzniveau von 99% und einer Haltedauer von 10 Arbeitstagen nach § 315 SolvV das zentrale Risikomaß dar. Damit wird der Verlust errechnet, der mit 99%iger Wahrscheinlichkeit innerhalb von 10 Arbeitstagen nicht überschritten wird. Der Anrechnungsbetrag eines Institutes ermittelt sich dann nach § 314 SolvV aus dem Maximum des mit einem regulatorischen Faktor gewichteten durchschnittlichen VaR der vorhergehenden 60 Arbeitstage und dem aktuellen VaR.[229] Der VaR kann vom Institut durch verschiedene Methoden errechnet werden, von denen die Monte-Carlo-Simulation[230] und der Varianz-Kovarianz-Ansatz[231] die üblichsten sind.[232]

---

225 *Schimpfhauser/Gendrisch*, Überblick über die Methoden der Marktrisikomessung mit Standardverf., S. 248.
226 Für einen vergangenen Zeitraum wird die ex ante zugrunde gelegte Entwicklung der Geschäfte mit der tatsächlichen Entwicklung ex post verglichen. Weicht die Annahme zu stark von der tatsächlichen Entwicklung ab, muss das Institut zukünftig zusätzliche Eigenmittel für diese Risiken vorhalten.
227 *Schimpfhauser/Gendrisch*, Überblick über die Methoden der Marktrisikomessung mit Standardverf., S. 251.
228 Luz- *Hellersten*, KWG, §§ 294-318 SolvV, Rn. 103.
229 Vgl. Formel unter C.11.
230 Vgl. Darstellung unter C.12.
231 Vgl. Darstellung unter C.13.
232 Für eine Darstellung unterschiedlicher Simulationsmethoden siehe: Deutsch, Derivate und Interne Modelle, S. 383 ff. und S. 413 ff.

Die Verwendung des VaR als Risikomaß im Bereich der internen Risikomodelle, sowohl für das Markrisiko als auch für andere Risiken ist insofern problematisch, als dass er kein kohärentes Risikomaß darstellt.[233] Der VaR erfasst zwar den Verlust, der mit 99% nicht überschritten wird, nicht aber die Höhe des Verlustes, der mit einer Wahrscheinlichkeit von 1% eintritt. Somit wird nach dieser Methode ein Geschäft mit weniger Eigenkapital hinterlegt, das mit einer Wahrscheinlichkeit von 99% keinen Verlust verursacht und mit der Wahrscheinlichkeit von 1% einen Verlust in Höhe von einer Millionen Euro als ein Geschäft, das mit 95% Wahrscheinlichkeit keinen Verlust verursacht und mit 5% Wahrscheinlichkeit einen Verlust von 100 Euro. Es wird deutlich, dass die Verwendung des VaR grundsätzlich Risiken nur unzureichend erfasst. Gerade in der Finanzkrise hat sich im Bereich der Verbriefungen gezeigt, dass Strukturen, wie die erstgenannte des Beispiels, nicht unüblich waren. Somit ist zumindest kritisch zu hinterfragen, ob zukünftig für die Verwendung interner Modelle nicht ein kohärenteres Risikomaß durch die SolvV vorgeschrieben werden sollte. Der Gesetzgeber hat sich hingegen für einen anderen Weg entschieden. Im Nachgang der Finanzkrise wurde in § 314 I SolvV die zusätzliche Berücksichtigung eines sogenannten stressed VaR eingeführt. Dabei handelt es sich um den VaR für das Szenario einer krisenhaften Entwicklung.[234] Durch die zusätzliche Berücksichtigung wurden die Eigenmittelanforderungen im Bereich der eigenen Modelle für Marktrisiken durch die doppelte Berücksichtigung von Risiken in beiden VaR deutlich erhöht. Damit wird von einer risikoadäquaten Eigenmittelunterlegung abgewichen, in der jedes Risiko auch nur einfach erfasst werden sollte.[235] Darüber hinaus bleiben die konzeptionellen Schwächen der Verwendung des VaR bestehen.

IV. Operationelles Risiko

Neben dem dargestellten Adress- und Marktrisiko muss auch das operationelle Risiko nach §§ 269 f. SolvV mit Eigenmitteln unterlegt werden. Darunter wird nach § 269 SolvV insbesondere die Gefahr von Verlusten verstanden, die auf-

---

233 *Artzner/Delbaen/Eber/Heath*, Coherent Measures of Risk, S. 218.
234 *European Banking Authority*, EBA Consultation Paper on the Draft Guidelines on Stressed Value at Risk; *Stickelmann*, Neue aufsichtliche Anforderungen für Marktrisikopositionen, S. 265 f.
235 *Stickelmann/Wehn*, Neuerungen für Marktrisiken, S. 311.

grund von menschlichem oder technischem Versagen eintreten. Auch im Bereich des Derivategeschäfts müssen Eigenmittel zur Unterlegung des operationellen Risikos vorgehalten werden. Gerade OTC-Geschäfte (Over the Counter) sind aufgrund ihres geringen Automatisierungsgrades einem hohen operationellen Risiko ausgesetzt.[236] Insbesondere telefonische Geschäftsabschlüsse und eine Vielzahl komplexer Verträge bergen hohe Risiken für menschliches Versagen. Um diese Risiken zu reduzieren, wird in der MaRisk unter BTO 2.2.1 und BTO 2.2.2 eine umfangreiche Dokumentationspflicht vorgesehen.[237] Dennoch muss ein verbleibendes Restrisiko mit Eigenmitteln unterlegt werden. Auch wenn eine Vielzahl von OTC-Geschäften inzwischen mit standardisierten ISDA-Master-Agreements durchgeführt wird, bei denen die Rechtsunsicherheit verhältnismäßig gering ist, werden auch Geschäfte mit eigenen Vertragskonstruktionen getätigt, deren mögliche rechtliche Nichtdurchsetzbarkeit ein operationelles Risiko darstellt.[238]

Zur Unterlegung dieses Risikos sind innerhalb der SolvV drei unterschiedliche Ansätze vorgesehen, deren detaillierte Erläuterung im Rahmen dieser Arbeit nicht erfolgen kann.[239] Im Gegensatz zu den anderen beiden geschilderten Risikoarten wird das operationelle Risiko nicht instrumentenspezifisch bemessen, sondern typischerweise aggregiert. Das dargestellte Risiko aus dem derivativen Geschäft könnte beispielsweise im Risikobereich Ausführungs-, Lieferungs- und Prozessrisiken der Handelsabteilung berücksichtigt werden. Insofern ergeben sich keine Besonderheiten für die Behandlung von Derivaten.

---

236 *Europäische Kommission*, Arbeitsdokument SEK (2010), 1059, S. 3; *Meyer*, Big Bang am Markt für Credit Default Swaps, S. 19.
237 *Schimansky*, Bankrechts-Handbuch, § 114, Rn. 160b.
238 *Brösel*, Operationelle Risiken im Bankbetrieb, S. 188.
239 Für eine übersichtliche Darstellung siehe *Beekmann/Stemper*, Quantifizierungsprozess des Operationellen Risikos, S. 320 ff.

C. Offenlegungsanforderungen

Neben der dargestellten Mindestkapitalanforderung zur Unterlegung von Risiken (Säule 1) und dem qualitativen aufsichtlichen Überprüfungsverfahren (Säule 2) stellen die Offenlegungspflichten von Instituten die dritte Säule des Bankaufsichtsrechts dar. Mit dieser Pflicht soll die Effizienz des Marktes vergrößert werden, um die Marktdisziplin zu vergrößern. Dem liegt die Idee zugrunde, dass Investoren Institute abstrafen, deren Risikomanagement nicht in einem ausgewogenen Verhältnis zu den vorhandenen Risiken steht.[240] Die Offenlegungspflicht wird in § 26a KWG begründet und in den §§ 319 ff. SolvV konkretisiert. Dabei müssen die nach der SolvV ermittelten Risikopositionen in den einzelnen Kategorien sowie die angewandten Methoden dargestellt werden.[241] Im Bereich der Derivate ist insbesondere § 326 SolvV zu beachten. Dabei sind in qualitativer Hinsicht nach § 326 I SolvV insbesondere der Umgang mit Kontrahentenrisiken und Sicherheiten offenzulegen und in quantitativer Hinsicht insbesondere die Höhe der derivativen Ausfallpositionen, aufgespalten nach der angewandten Bemessungsmethode.

Die Offenlegungspflichten müssen als Ergänzung der anderen beiden Säulen betrachtet werden. Der Markt hat die Möglichkeit, schneller auf veränderte Risikoparameter eines Institutes zu reagieren, als das mit den überschaubaren Kapazitäten der BaFin möglich ist. Auch reduziert die Offenlegung die Unsicherheit im Markt, sodass Einleger zwischen gefährdeten und sicheren Banken unterscheiden können.[242] Allerdings hat der Markt grundsätzlich ein Interesse an einer Renditemaximierung, die regelmäßig mit einem erhöhten Risiko und reduziertem Eigenkapital einhergeht. Eine umfangreiche Eigenmittelunterlegungspflicht kann somit durch den Markt nicht ersetzt werden.

Von der dargestellten Offenlegungspflicht ist die Anzeigepflicht eines Institutes nach §§ 13, 14 KWG zu unterscheiden. Danach müssen Groß- und Millionenkredite der BaFin gegenüber angezeigt werden. Auch dürfen Obergrenzen bei der Vergabe von Großkrediten nicht überschritten werden. Die Anzeigepflicht dient dazu, der BaFin eine bessere Übersicht über die wesentlichen Kreditrisiken eines Institutes zu ermöglichen und Maßnahmen zur Vermeidung von

---

240 Luz-*Krautheuser*, KWG, §§ 319-337 SolvV, Rn. 1.
241 Vgl. *Jerzembek/Rosteck*, Offenlegungsanforderungen nach bankaufsichtlichem Verständnis, S. 341 ff.
242 *Baseler Ausschuss für Bankenaufsicht*, Verbesserung der Transparenz im Bankwesen, S. 10 f.

Offenlegungsanforderungen

Risikokonzentrationen zu ergreifen.[243] Für die Ermittlung der Kreditäquivalenzbeträge von Derivaten wird von der zur Konkretisierung der §§ 13, 14 KWG erlassenen GroMiKV[244] auf die SolvV verwiesen, um eine einheitliche Handhabung zu gewährleisten.[245]

---

[243] Luz- *Bähm-Dries/Hamdan*, KWG, § 13, Rn. 1.
[244] Verordnung über die Erfassung, Bemessung, Gewichtung und Anzeige von Krediten im Bereich der Großkredit- und Millionenkreditvorschriften des Kreditwesengesetzes vom 14.12.2006, BGBl. I S. 3065.
[245] § 2 GroMiKV; *Reinicke*, Verordnungen zum KWG, S. 43.

D. Ausblick

Im Nachgang zu der Finanzmarktkrise wurden einige Schwachstellen des Bankaufsichtsrechts durch die Richtlinien 2009/111/EG, 2009/83/EG und 2009/27/EG (zusammen: die „CRD II") sowie die Richtlinie 2010/76/EU („CRD III") und die entsprechenden Umsetzungsgesetze behoben. So wird durch die Verwendung eines stressed Value at Risk dem Umstand Rechnung getragen, dass sich die Werte eines Portfolios in Krisenzeiten anders verhalten, als unter normalen Umständen. Auch die Handhabung von Verbriefungen wurde deutlich verschärft. Die Einführung des Correlation-Trading-Portfolios führt zu einer verbesserten Berücksichtigung von Diversifikationseffekten im Bereich des allgemeinen Zinsrisikos. Auch in qualitativer Hinsicht wurden durch die Einführung der §§ 317a, 318a-318e SolvV zusätzliche Anforderungen gestellt. Die Möglichkeit der Verwendung eigener Risikomodelle zur Ermittlung des Unterlegungsbetrages für Verbriefungen wurde eingeschränkt, da die Finanzmarktkrise zeigte, dass diese Modelle das Risiko nicht adäquat erfassen.[246] Darüber hinaus wurden auch die Offenlegungsanforderungen verschärft.

Bisher noch nicht implementiert wurde das Reformpaket „CRD IV", welches insbesondere die Regeln von Basel III europarechtlich umsetzen soll. Neben der vollständigen Streichung von Drittrangmitteln als zulässige Eigenmittel und der Einführung zusätzlicher Kapitalpuffer werden auch im Bereich der Derivate Änderungen vorgenommen.[247]

Insbesondere OTC-gehandelte Derivate werden durch die „CRD IV"-Richtlinie stärker mit Eigenkapital hinterlegt werden müssen. Die aktuelle Finanzmarktkrise hat verdeutlicht, dass diese Art von Derivaten mit einem hohen Adressausfallrisiko verbunden ist.[248] Durch die „CRD IV" wird eine zusätzliche Eigenkapitalanforderung für das Credit-Valuation-Adjustments-Risiko (CVA) eingeführt.[249] Die CVA deckt das Risiko von Wertminderungen der betroffenen Derivate infolge von Bonitätsverschlechterungen des Kontrahenten ab.[250] Auch für dieses Risiko ist die Ermittlung mittels einer Standardmethode und einer

---

246 *Bundesanstalt für Finanzdienstleistungsaufsicht*, CRD III-ÄnderungsVO, S. 41.
247 *Gendrisch/Hofmann*, Die Lehren aus der Finanzkrise, S. 2.
248 *Glischke/Mach/Stemmer*, CVA- Credit Value Adjustment, S. 1.
249 Eine gute Übersicht findet sich in *Nagel*, Couterparty-Credit Risk im neuen regulatorischen Rahmenwerk von Basel III, S. 249 ff.; *Schmidt*, Basel III und CVA aus regulatorischer Sicht, S. 267 ff.
250 *KPMG*, Capital Requirement Directive IV, S. 3.

Internen Modelle Methode vorgesehen. Von der Unterlegunsgpflicht ausgenommen sind aber diejenigen Forderungen, die mit hinreichenden Sicherheiten unterlegt sind sowie Forderungen gegen Zentrale Kontrahenten (CCPs).[251] Während unter der bisherigen Regelung auch allgemeine Adressrisiken aus Derivaten gegenüber CCPs nicht unterlegt werden mussten, wird durch die „CRD IV" eine Unterlegung von 2% vorgesehen. Damit ist die Unterlegung einerseits zwar signifikant geringer als diejenige von Forderungen gegen andere Kontrahenten. Denn insbesondere für Forderungen gegen die typische Kontrahentengruppe „Institute" muss zukünftig eine höhere Unterlegung stattfinden. Andererseits verringert sie den Anreiz, einen CCP zu nutzen, was konträr zu den Erklärungen der G20 steht, die möglichst alle OTC-Derivate über CCPs abwickeln lassen wollen.[252] Insofern bleibt abzuwarten, ob dieser Teil der Neuerungen tatsächlich umgesetzt wird.

Insgesamt lässt sich aber festhalten, dass Anstrengungen stattgefunden haben, die Schwächen des Bankenaufsichtsrechts zu verringern, und dass nach der vollen Implementierung der Maßnahmen die Widerstandsfähigkeit des Finanzsystems als gestärkt betrachtet werden kann. Dennoch bleiben einige Schwachpunkte, wie die Verwendung des inkohärenten Risikomaßes Value at Risk, zunächst bestehen. Aber auch zukünftig werden Anpassungen der Mindestkapitalunterlegung stattfinden, um den geänderten Marktbedingungen Rechnung zu tragen. Seit Basel I wurden kontinuierlich Verbesserungen vorgenommen, um das Risiko adäquater zu unterlegen. Dabei darf aber nicht aus dem Blick geraten, dass immer ein Kompromiss zwischen Exaktheit und Praktikabilität vor dem Hintergrund von zunehmender Komplexität gefunden werden muss.

---

251 *Accenture*, Basel III Handbook, S. 28.
252 *Association for Financial Markets in Europe*, CRD IV – Counterparty Credit Risk, S. 2.

A. Beispielrechnungen

A.1 Bemessungsgrundlage nach der Laufzeitmethode:

Nr.	Kontraktart	Nominalbetrag (1)	Kurs (2)	Ursprungslaufzeit	Restlaufzeit
1	Zins-Future	100.000 EUR		6 Jahre	1 Jahr
2	Zins-Swap	10.000 EUR		3 Jahre	2 Jahre
3	Währungs-Swap	10.000 USD	0,75 USD/EUR	5 Jahre	4 Jahre
4	Future	10 Feinunzen Gold	1500 EUR/Unze	2 Jahre	0,5 Jahre

Tabelle 1

Nr.	Marktbewerteter Anspruch (1)*(2) = (3)	Konversionsfaktor [Anhang 1 Tabelle 2 SolvV] (4)	Bemessungsgrundlage (3)*(4)
1	100.000 EUR	0,5%	500 EUR
2	10.000 EUR	1%	100 EUR
3	7.500 EUR	14%	1055 EUR
4	15.000 EUR	5%	750 EUR

Tabelle 2

A.2 Bemessungsgrundlage nach der Marktbewertungsmethode:

Nr.	Kontraktart	Nominalbetrag (1)	Kurs des Basiswertes (2)	Kurs des Derivats (3)	Restlaufzeit
1	Zins-Future	100.000 EUR		- 700 EUR	2 Jahre
2	Zins-Swap	10.000 EUR		15 EUR	1 Jahr
3	Währungs-Swap	10.000 USD	0,75 USD/EUR	3 EUR	7 Jahre
4	Future	10 Feinunzen Gold	1500 EUR/Feinunze	400 EUR	0,5 Jahre
5	Call-Option	1 Aktie	150 EUR/Aktie	15 EUR	2 Jahre
6	Future	100 t Stahl	800 EUR/t	- 540 EUR	0,5 Jahre

Tabelle 3

Nr.	Marktbewerteter Anspruch (1)*(2) = (4)	Konversionsfaktor [Anh. 1 T. 1 SolvV] (5)	Künftig zu erwartende Erhöhung (4)*(5)= (6)	Geg. Wiedereindeckungsaufwand (7)	Bemessungsgrundlage (6)+(7)
1	100.000 EUR	0,5%	500 EUR	0 EUR	500 EUR
2	10.000 EUR	0%	0 EUR	15 EUR	65 EUR
3	7.500 EUR	7,5%	562,50 EUR	3 EUR	565,50 EUR
4	15.000 EUR	1%	150 EUR	400 EUR	550 EUR
5	150 EUR	8%	120 EUR	15 EUR	135 EUR
6	80.000 EUR	10%	8000 EUR	0 EUR	8000 EUR

Tabelle 4

Anhang A   IX

A.3 Bemessungsgrundlage nach der Standardmethode für einen Aufrechnungssatz

Typ		Nominalwert in Mio. EUR	mod. Duration	Delta	Marktwert	Risikoklasse Zinsrisiko			Währungsrisiko	Aktienrisiko
						EUR Sonstiger Referenzzins, < 1 J.	EUR Sonstiger Referenzzins, > 1 J.	USD Sonstiger Referenzzins, > 5 J.	EUR/USD	Aktie X
						Effektiver Nominalwert (1)*(2)=(3)	Effektiver Nominalwert (1)*(2)=(3)	Effektiver Nominalwert (1)*(2)=(3)	Effektiver Nominalwert (1)*(2)=(3)	Effektiver Nominalwert (1)*(2)=(3)
			(1)	(1)	(2)					
1 Zins-Swap	Empfänger Festzins	80	8		-6		640			
1 Zins-Swap	Zahler variabler Zins	80	-0,25			-20				
2 Währungs-Swap	Empfänger Festzins USD	100	15		0			1500	100	
2 Währungs-Swap	Zahler variabler Zins EUR	100	-0,125			-12,5				
3 Future	Empfänger Kaufpreis	200	0,5		8	100				
3 Future	Zahler Aktie X	200								-150
4 Call-Option	Empfänger Aktie X	200		0,25	5					50
Summe der Risikopositionen (RPT)						67,5	640	1500	100	-100
Absoluter Betrag der Summe						67,5	640	1500	100	100
Kreditrisikofaktor						0,20%	0,20%	0,20%	2,50%	7%
regulatorischer erwarteter Wiederbeschaffungswert						0,14	1,28	3,00	2,50	7,00

Summe der Wiederbeschaffungswerte	13,92
Nettomarktwerte (Summe aus (2))	7,00
Max {Summe der Wiederbschaffungswerte; Nettomarktwerte}	13,92
Korrekturfaktor β	1,40
Bemessungsgrundlage	19,48

A.4 Berücksichtigung von Kreditderivaten im KSA

Position	Bemessungs-grundlage (BMG)	Restlauf-zeit	Laufzeit-anpas-sungs-faktor	Inkongruenz-bereinigter Betrag	substituierte BMG	nicht-substituierte BMG	KSA-Risikoge-wicht (in Prozent)	angepasster risikogewichte-ter KSA-Positionswert
SolvV	§ 49		§ 186	§ 204	§ 40 Abs. 3	§ 40 Abs. 2	§§ 24–39	§ 40 Abs. 1 Satz 1
	(2)				(3)	(4)	(5)	(6) =Σ((4)x(5))+(3)x(5)
Unternehmenskredit (Bonitätsstufe 2)	700	2 Jahre				300	20	60
Kreditderivat	700	1 Jahr	0,43	300	400		50	200
besicherte Position								260
zum Vergleich: unbesicherter Kredit	700					700	50	350

Anhang A   XI

A.5 Fremdwährungs-Risikoposition

Währung	Kassapositionen	Terminpositionen	Devisenoptionspositionen (Deltaäquivalent)	Kassakurse	BruttoLong-Positionen	BruttoShort-Positionen	BruttoLong-Positionen (in EUR)	BruttoShort-Positionen (in EUR)	Nettoposition	Nettoposition nach verbund. Währungen (CAD und USD)
	(1)	(2)	(3)	(4)	(5)	(6)	(7) = (4) × (5)	(8) = (4) × (6)	(9) = (7) + (8)	(10)
CAD	+ 5.000	+ 15.000	− 18.764	0,6471	+ 20.000	− 18.764	+ 12.942	− 12.142	800	400
USD	+ 9.000	− 34.000	+ 24.466	0,74842	+ 33.466	− 34.000	+ 25.046	− 25.446	− 400	0
GBP	+ 3.200	− 10.580	+ 7.245	1,48003	+ 10.445	− 10.580	+ 15.459	− 15.659	− 200	− 200
JPY	+ 3.050	− 5.240	− 13.620	0,006325	+ 3.050	− 18.860	19	− 119	− 100	− 100
										400
										150
										200
										750
										60

Nettowährungsposition = Max {Positive Beträge (10); Absolutbetrag(Negative Beträge (10))}=
Hälftige ausgeglichene Position von verbundenen Währungen (CAD und USD)=
Offene Goldposition=
Währungsgesamtposition = Nettowährungsposition + Offene Goldposition =
Anrechnungsbetrag = Währungsgesamtposition * 8% =

Angelehnt an Boos-*Schulte-Mattler*, KWG, § 294 SolvV, Rn. 13, 15, 19, 22.

A.6 Rohwaren-Risikoposition

Band-Nr.	Laufzeitbänder	Offene Positionen	
		Long	Short
		(1)	(2)
1	bis zu einem Monat	600	– 300
2	über einen Monat bis zu drei Monaten		– 400
3	über drei Monate bis zu sechs Monaten	200	
4	über sechs Monate bis zu einem Jahr		
5	über einem Jahr bis zu zwei Jahren	100	– 200
6	über zwei Jahre bis zu drei Jahren		– 300
7	über drei Jahre	200	
		1.100	– 1.200

Beispielhafte Position in einer Rohware[253]

Art der Position	Positionen	Eigenmittelsatz	Eigenmittelanforderung
	(1)	(2)	(3) = (1) × (2)
1) Summe der Bruttopositionen	2.300	3%	69
2) Nettoposition	100	15%	15
		Eigenmittelunterlegung =	84

Eigenmittelunterlegung nach der Standardmethode

---

253 Beispiel und Darstellung angelehnt an Boos- *Schulte-Mattler*, KWG, § 296 SolvV, Rn. 13, § 297 SolvV, Rn. 7; *Waschbusch*, Bankenaufsicht, S. 294.

Anhang A XIII

Laufzeitbänder	bis zu einem Monat	über einen Monat bis zu drei Monaten	über drei Monate bis zu sechs Monaten	über sechs Monate bis zu einem Jahr	über einem Jahr bis zu zwei Jahren	über zwei Jahre bis zu drei Jahren	über drei Jahre	Summe (Absolut)
1 Summe Aktivpositionen	600		200	100			200	1100
2 Summe Passivpositionen	-300	-400		-200		-300		1200
3 Ausgeglichene Bereichsposition	300			100				400
4 Offene Bereichsposition	300	-400	200	-100		-300	200	
Vortrag und Verrechnung	300	300	-100					
		-100	100	100				
				100	0	-300	-300	
						-300		
5 Nettoposition				100	0	300	-100	100
6 Übertrag (Absolut)	300	100	100	100	0	0		900
7 Geschlossene Positionen über Laufzeitgrenzen (Absolut)	0	300	100	0	100	0	200	700

Eigenmittelunterlegung nach der Zeitfächermethode (1)

Art der Position	EigenmittelSatz	Positionen	Eigenmittelteilanforderung
1) Summe der geschlossenen Positionen in den Bändern (Zeile 3)	3,00%	400	12
2) Summe der geschlossenen Positionen zwischen Bändern (Zeile 7)	3,00%	700	21
3) Summe der vorgetragenen Positionen (Zeile 6)	0,60%	900	5,4
4) Offene Positionen (Zeile 5)	15,00%	100	15
Eigenmittelunterlegung			53,4

Gesamtbetrag der Eigenmittelunterlegung nach der Zeitfächermethode

A.7 Ermittlung der Eigenmittelunterlegung für das Zinsrisiko

Nach der Laufzeitmethode wird die Zinsnettoposition abhängig von ihrer Laufzeit in ein Laufzeitband von Tabelle 23 Anhang 1 SolvV eingruppiert und mit dem vorgegeben Gewicht multipliziert. Danach wird die ausgeglichene und die offene Bandposition ermittelt.

	Spalte A Zeitspanne im Zinsbereich A	Spalte B Zeitspanne im Zinsbereich B	Spalte C %-Gewichtungssatz
Kurzfristig	bis zu einem Monat	bis zu einem Monat	0,00
	über einem bis zu drei Monaten	Über einem bis zu drei Monaten	0,20
	über drei bis zu sechs Monaten	Über drei bis zu sechs Monaten	0,40
	über sechs Monate bis zu einem Jahr	Über sechs Monaten bis zu einem Jahr	0,70
Mittelfristig	über einem bis zu 1,9 Jahren	Über einem bis zu 2 Jahren	1,25
	über 1,9 bis zu 2,8 Jahren	Über 2 bis zu 3 Jahren	1,75
	über 2,8 bis zu 3,6 Jahren	Über 3 bis zu 4 Jahren	2,25
Langfristig	über 3,6 bis zu 4,3 Jahren	über 4 bis zu 5 Jahren	2,75
	über 4,3 bis zu 5,7 Jahren	über 5 bis zu 7 Jahren	3,25
	über 5,7 bis zu 7,3 Jahren	über 7 bis zu 10 Jahren	3,75
	über 7,3 bis zu 9,3 Jahren	über 10 bis zu 15 Jahren	4,50
	über 9,3 bis zu 10,6 Jahren	über 15 bis zu 20 Jahren	5,25
	über 10,6 bis zu 12,0 Jahren	über 20 Jahren	6,00
	über 12,0 bis zu 20,0 Jahren		8,00
	über 20,0 Jahren		12,50

Tabelle 23, Anlage 1 SolvV

Die folgende Tabelle stellt das Vorgehen in der Durationsmethode dar, in der die Zinsnettoposition zuerst mit der modifizierten Duration multipliziert werden muss um in ein Laufzeitband gruppiert zu werden und anschließend ihr Gewicht mit Hilfe der Renditeänderung und der Duration ermittelt werden muss:

Zinsnettoposition	mod. Duration	Laufzeitband [aus Tabelle 24 SolvV]	anzunehmende Renditeänderung [Tabelle 24 SolvV]	Gewicht	gewichtete Zinsnettoposition	ausgeglichene Bandposition	offene Bandposition
(1)	(2)		(3)	(2) * (3) = (4)	(1) * (4)	(5)	(6)
300.000	0,15	> 1 Monat; < 3 Monate	1	0,15	450	0	450
100.000	0,4	> 3 Monate; < 6 Monate	1	0,4	400		
-200.000	0,5	> 3 Monate; < 6 Monate	1	0,5	-1.000	400	-600
50.000	3,1	> 2,8 Jahre; < 3,6 Jahre	0,75	2,325	1.163		
-400.000	3,5	> 2,8 Jahre; < 3,6 Jahre	0,75	2,625	-10.500	1.163	-9.338
600.000	21,5	> 20 Jahre	0,6	12,9	77.400		
100.000	24	> 20 Jahre	0,6	14,4	14.400		
-200.000	28	> 20 Jahre	0,6	16,8	-33.600	33.600	58.200

Nach der Ermittlung der Bandpositionen ist das Vorgehen beider Methoden identisch. Die offenen Bandpositionen werden innerhalb von drei Laufzeitzonen (kurzfristig, mittelfristig, langfristig) zusammengefasst und die ausgeglichene Position als ausgeglichene Zonenposition und die verbleibenden Unterschiedsbeträge als offene Zonenposition bezeichnet.

Zuletzt werden nach § 301 V SolvV die offenen Zonenpositionen miteinander verrechnet und eine offene Zonensaldoposition gebildet. Die einzelnen Positionen bilden dann entsprechend § 301 VI SolvV gewichtet (vgl. folgende Tabelle) den Unterlegungsbetrag für das allgemeine Zinsrisiko nach der Jahresbandmethode. Auffällig ist dabei, dass die ausgeglichene Zonensaldoposition zwischen kurzfristiger und langfristiger Zone mit 150% gewichtet wird, während die offene Zonensaldoposition nur mit 100% gewichtet wird. Dies scheint einer risikoadäquaten Unterlegung zu widersprechen, da die offene Zonensaldoposition einer Zinsänderung am stärksten ausgesetzt ist. Allerdings ist zu berücksichtigen, dass die offene Zonensaldoposition die Zinsnettoposition nur einfach berücksichtigt, während in dem Zonensaldo eine Zinsnettoposition positiv und eine Zinsnettoposition negativ beinhaltet ist. Somit findet noch immer eine verstärkte Gewichtung der offenen Zonensaldoposition statt.

Anhang A   XVII

	Zeitspanne	ausgeglichene Bandposition (5)	offene Bandposition (6)	ausgeglichene Zonenpositionen	offene Zonenpositionen
kurzfristig	bis zu einem Monat	-	-		
kurzfristig	über einem bis zu drei Monaten	-	450		
kurzfristig	über drei bis zu sechs Monaten	400	-600		
kurzfristig	über sechs Monate bis zu einem Jahr	-	-	450	-150
mittelfristig	über einem Jahr bis zu 1,9 Jahren	-	-		
mittelfristig	über 1,9 bis zu 2,8 Jahren	-	-		
mittelfristig	über 2,8 bis zu 3,6 Jahren	1.163	-9.338	0	-9.338
langfristig	über 3,6 bis zu 4,3 Jahren	-	-		
langfristig	über 4,3 bis zu 5,7 Jahren	-	-		
langfristig	über 5,7 bis zu 7,3 Jahren	-	-		
langfristig	über 7,3 bis zu 9,3 Jahren	-	-		
langfristig	über 9,3 bis zu 10,6 Jahren	-	-		
langfristig	über 10,6 bis zu 12,0 Jahren	-	-		
langfristig	über 12,0 bis zu 20,0 Jahren	-	-		
langfristig	über 20,0 Jahren	33.600	58.200	0	58.200

	Betrag	Gewicht	Eigenmittel
ausgeglichene Gesamtposition [Summe(5)]	35.163	10% (Jahresbandm.)/ 5% (Durationsm.)	3.516
ausgeglichene kurzfristige Zonenposition	450	40%	180
ausgeglichene mittelfristige Zonenposition	0	30%	0
ausgeglichene langfristige Zonenposition	0	30%	0
Zonensaldoposition zwischen kurz- und mittelfristiger Zone	0	40%	0
Zonensaldoposition zwischen mittel- und langfristiger Zone	9.338	40%	3.735
Zonensaldoposition zwischen verbleibenden offenen Zonenpositionen	150	150%	225
offene Zonensaldoposition	48.712	100%	48.712
Summe			56.369

B. Tabellen

B.1 Volatilitätsrate der Laufzeitmethode für Aufrechnungspositionen

Laufzeit	Ausschließlich zinsbezogene Geschäfte (Restlaufzeit)	Währungskurs- und goldpreisbezogene Geschäfte (Ursprungslaufzeit)
bis 1 Jahr	0,35 %	1,50 %
über 1 Jahr bis 2 Jahre	0,75 %	3,75 %
zusätzliche Berücksichtigung eines jeden weiteren Jahres	0,75 %	2,25 %

Anlage 1 Tabelle 17 SolvV

B.2 Volatilitätsrate der Laufzeitmethode

Restlaufzeit	Zinsbezogene Geschäfte	Währungskurs- und goldpreisbezogene Geschäfte	Aktienkursbezogene Geschäfte	Edelmetallpreis-bezogene Geschäfte (ohne Gold)	Rohwarenpreis-bezogene und sonstige Geschäfte
bis 1 Jahr	0,0 %	1,0 %	6,0 %	7,0 %	10,0 %
über 1 Jahr bis 5 Jahre	0,5 %	5,0 %	8,0 %	7,0 %	12,0 %
über 5 Jahre	1,5 %	7,5 %	10,0 %	8,0 %	15,0 %

Anlage 1 Tabelle 1 SolvV

B.3 Risikokategorien der Standardmethode

	Risikokategorie	Risikofaktor
1.	SM-Zinsrisikopositionen aus Bareinlagen, die als finanzielle Sicherheit gestellt wurden, aus Finanzierungskomponenten sowie aus zugrunde liegenden Geschäftsgegenständen, deren besonderes Kursrisiko nach § 303 mit einem Anrechnungssatz von höchstens 1,6 % zu berücksichtigen wäre und die nicht der Risikokategorie 2 zuzuordnen sind.	0,2 %
2.	SM-Zinsrisikopositionen aus Basiswertkomponenten von Credit Default Swaps, soweit bezogen auf dessen Referenzeinheit nach § 303 ein Anrechnungssatz für besonderes Kursrisiko von höchstens 1,6 % anwendbar wäre.	0,3 %
3.	SM-Zinsrisikopositionen in Basiswertkomponenten, soweit für deren besonderes Kursrisiko nach § 303 ein Anrechnungssatz von mehr als 1,6 % anwendbar wäre.	0,6 %
4.	SM-Fremdwährungsrisikopositionen	2,5 %
5.	SM-Risikopositionen aus elektrischem Strom	4,0 %
6.	SM-Goldrisikopositionen	7,0 %
7.	SM-Aktienrisikopositionen	7,0 %
8.	SM-Edelmetallrisikopositionen, die nicht in die Risikokategorie 6 fallen	8,5 %
9.	SM-Rohwarenrisikopositionen, die nicht in eine der Risikokategorien 5 oder 8 fallen	10,0 %
10.	SM-Risikopositionen in Basiswertkomponenten, die nicht einer der Risikokategorien 1 bis 9 zugeordnet werden können	10,0 %

Anlage 1 Tabelle 26 SolvV

B.4 Absicherungsgruppen für Zinsrisikopositionen

	Referenzzinssatz einer Staatsanleihe	Sonstiger Referenzzinssatz
Laufzeit	< = 1 Jahr	< = 1 Jahr
Laufzeit	> 1 Jahr, aber < = 5 Jahre	> 1 Jahr, aber < = 5 Jahre
Laufzeit	> 5 Jahre	> 5 Jahre

Anlage 1 Tabelle 27 SolvV

B.5 Risikogewicht für Institute im KSA

Bonitätsstufe der Zentralregierung	1	2	3	4	5	6
MPE der Zentralregierung	0 oder 1	2	3	4	5 oder 6	7
KSA-Risikogewicht	20 %	50 %	100 %	100 %	100 %	150 %

Anlage 1 Tabelle 6 SolvV

B.6 Risikogewichte für Unternehmen im KSA

Kategorie	Fitch	Moody's	S&P	Boni-täts-Stufe	KSA-Risikogewichte (in Prozent)			
					Lang-fristige Position	Kurz-fristige Position	Verbrie-fungen	Wieder-verbrie-fungen
Prime	AAA	Aaa	AAA	1	20	20	20	40
High Grade	AA+	Aa1	AA+	1	20	20	20	40
	AA	Aa2	AA	1	20	20	20	40
	AA-	Aa3	AA-	1	20	20	20	40
Uppermedium Grade	A+	A1	A+	2	50	50	50	100
	A	A2	A	2	50	50	50	100
	A-	A3	A-	2	50	50	50	100
Lowermedium Grade	BBB+	Baa1	BBB+	3	100	100	100	225
	BBB	Baa2	BBB	3	100	100	100	225
	BBB-	Baa3	BBB-	3	100	100	100	225
Low-grade Speculative	BB+	Ba1	BB+	4	100	150	350	650
	BB	Ba2	BB	4	100	150	350	650
	BB-	Ba3	BB-	4	100	150	350	650
Highly Speculative	B+	B1	B+	5	150	150	1250	1250
	B	B2	B	5	150	150	1250	1250
	B-	B3	B-	5	150	150	1250	1250
Substantial Risk	CCC+		CCC+	6	150	150	1250	1250
	CCC	Ca1	CCC	6	150	150	1250	1250
Extremely Speculative	CCC-		CCC-	6	150	150	1250	1250
	CC	Ca	CC	6	150	150	1250	1250
	C	C	C	6	150	150	1250	1250
Default	D	D	D					

Risikogewichte für Unternehmen und Verbriefungspositionen im KSA, aus: Boos- *Schulte-Mattler*, Kreditwesengesetz, § 33 SolvV, Rn. 6 und § 242 SolvV, Rn. 4.

B.7 Zeitfächermethode

Anrechnungsbereich
Bis zu einem Monat
über einem Monat bis zu drei Monaten
über drei Monaten bis zu sechs Monaten
über sechs Monaten bis zu einem Jahr
über einem Jahr bis zu zwei Jahren
über zwei Jahren bis zu drei Jahren
über drei Jahren

Anlage 1 Tabelle 20 SolvV

B.8 Zinsrisiko nach der Jahresbandmethode

Zeitspanne im Zinsbereich A	Zeitspanne im Zinsbereich B	Gewichtungs-satz (in %)
bis zu einem Monat	bis zu einem Monat	0,00
über einem bis zu drei Monaten	Über einem bis zu drei Monaten	0,20
über drei bis zu sechs Monaten	Über drei bis zu sechs Monaten	0,40
über sechs Monate bis zu einem Jahr	Über sechs Monaten bis zu einem Jahr	0,70
über einem bis zu 1,9 Jahren	Über einem bis zu 2 Jahren	1,25
über 1,9 bis zu 2,8 Jahren	Über 2 bis zu 3 Jahren	1,75
über 2,8 bis zu 3,6 Jahren	Über 3 bis zu 4 Jahren	2,25
über 3,6 bis zu 4,3 Jahren	über 4 bis zu 5 Jahren	2,75
über 4,3 bis zu 5,7 Jahren	über 5 bis zu 7 Jahren	3,25
über 5,7 bis zu 7,3 Jahren	über 7 bis zu 10 Jahren	3,75
über 7,3 bis zu 9,3 Jahren	über 10 bis zu 15 Jahren	4,50
über 9,3 bis zu 10,6 Jahren	über 15 bis zu 20 Jahren	5,25
über 10,6 bis zu 12,0 Jahren	über 20 Jahren	6,00
über 12,0 bis zu 20,0 Jahren		8,00
über 20,0 Jahren		12,5

Anlage 1 Tabelle 23 SolvV

B.9 Zinsrisiko nach der Durationsmethode

Zeitspanne	anzunehmende Renditeänderung in Prozent-Punkten
bis zu einem Monat	1
über einem bis zu drei Monaten	1
über drei bis zu sechs Monaten	1
über sechs Monate bis zu einem Jahr	1
über einem Jahr bis zu 1,9 Jahren	0,9
über 1,9 bis zu 2,8 Jahren	0,8
über 2,8 bis zu 3,6 Jahren	0,75
über 3,6 bis zu 4,3 Jahren	0,75
über 4,3 bis zu 5,7 Jahren	0,7
über 5,7 bis zu 7,3 Jahren	0,65
über 7,3 bis zu 9,3 Jahren	0,6
über 9,3 bis zu 10,6 Jahren	0,6
über 10,6 bis zu 12,0 Jahren	0,6
über 12,0 bis zu 20,0 Jahren	0,6
über 20,0 Jahren	0,6

Anlage 1 Tabelle 25 SolvV

C. Formeln und Herleitungen

C.1 Herleitung des Deltas von Optionen[254]

Das Delta (Δ) einer Option gibt die Veränderung des Optionspreises im Verhältnis zu einer Veränderung des Basiswertes an. Es stellt also formell die erste Ableitung des Optionspreises nach dem Aktienkurs dar: $\Delta = \frac{\partial c}{\partial S}$, wobei c der Preis der Option und S der Preis des Basiswertes ist.

Delta lässt sich an Hand eines stark vereinfachten Beispiels verdeutlichen. Dafür wird angenommen, dass ein Basiswert am nächsten Tag nur auf genau einen Wert steigen (100) oder auf genau einen Wert fallen (50) kann und dass diese Werte bekannt sind. Weiterhin wird die Wahrscheinlichkeit für ein Steigen und ein Fallen mit jeweils 50% angenommen. Damit ergibt sich der Preis des Basiswertes als der Erwartungswert aus 50%*100+50%*50=75. Dies wird in dem nebenstehenden Baum veranschaulicht.

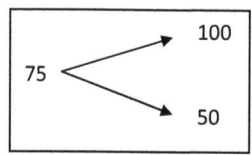

Der Wert einer Call-Option mit einem Ausübungspreis von 75 wird für den Fall einer positiven Entwicklung 25 Euro (100-75) betragen und würde für den Fall einer negativen Entwicklung -25 Euro (50-75) betragen. Im letzteren Fall würde sie aber nicht ausgeübt, sodass ihr Wert 0 Euro beträgt. Somit beträgt der Wert der Option heute 50% * 25 + 50% * 0 = 12,50 Euro. Dies ist im nebenstehenden Baum dargestellt.

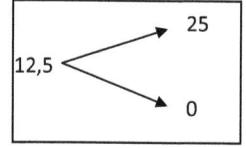

Wenn man nun die Option mit Hilfe des Basiswertes in der Menge Δ und einem risikolosen Instrument B nachbilden möchte, ergibt sich folgende Gleichung:
$I. 100\,\Delta + B = 25$
$II. 50\,\Delta + B = 0$

Durch Auflösen dieser Gleichung ergibt sich Δ = 0,5 und B = -25. Somit kann mit dem Kauf von 0,5 Aktien und einem risikolosen Darlehen von 25 das gleiche Ergebnis erzielt werden wie mit dem Kauf einer Option.

Mit Hilfe von stochastischen Modellen können, basierend auf dieser Grundlage, sowohl die Preise einer Option[255] als auch das Deltaäquivalent in der Praxis berechnet werden. Delta stellt aber nur eine grobe Annäherung an die tat-

---

254 Herleitung angelehnt an *Hull*, Options, Futures and other Derivatives, S. 264 f.
255 In diesem Zusammenhang findet regelmäßig die Black-Scholes-Formel Anwendung. Vgl. dazu *Hull*, Options, Futures and other Derivatives, S. 299 ff.

sächliche Änderung des Optionskurses im Verhältnis zu dem Kurs des Basiswertes dar. Feinere Modelle verwenden daher zusätzliche Maße, darunter insbesondere noch Gamma und Vega,[256] die auch in der regulatorischen Delta-Plus-Methode Berücksichtigung finden.

Vereinfachend kann aber Delta als Annäherung für den Anteil am Basiswert, der dem Halten einer Option entspricht, verwendet werden. Somit muss auch regulatorisch eine Option richtigerweise mit ihrem Deltaäquivalent, also dem Produkt aus Delta und dem Basiswert, berücksichtigt werden.

C.2 Berechnung des Zuschlags nach der Marktbewertungsmethode

$Z = 0,4 * S + 0,6 * V * S$

S Summe der künftig zu erwartenden Erhöhungen der potenziellen Wiedereindeckungsaufwendungen (§ 20) der einbezogenen Geschäfte

V Verhältnis zwischen dem gegenwärtigen potenziellen Wiedereindeckungsaufwand (§ 19), der bei unterstelltem Ausfall des Vertragspartners in Höhe des Unterschiedsbetrages der positiven und negativen Marktwerte der einbezogenen Geschäfte entstehen würde, und der Summe der in getrennter Betrachtungen für die einbezogenen Geschäfte einzeln ermittelten gegenwärtigen potenziellen Wiedereindeckungsaufwände (§ 19)

Formel 1

Die Summe S stellt die Summe aller zukünftig zu erwartenden Erhöhungen der Einzelpositionen dar. Bliebe das Netting also bei der Berechnung des Zuschlags unberücksichtigt, müsste die Formel $Z = S$ lauten.

V stellt das Verhältnis zwischen Nettomarktwert und Bruttomarktwert dar.[257] Mithin ist V also ein Maß für den Anteil an gegenläufigen Positionen im Vergleich zu den Gesamtpositionen. Sind also alle Positionen positiv oder alle negativ, sodass kein Netting stattfinden kann, ist der Zähler von V genauso groß wie der Nenner und mithin ist $V = 1$. Für diesen Fall beträgt $Z = 0,4 * S + 0,6 * 1 * S$ und damit $Z = S$. Somit entspricht der Zuschlag dem Zuschlag ohne Aufrechnungsvereinbarung. Im umgekehrten Extremfall findet ein vollständiges Netting statt, sodass der Zähler von V null wird und somit $V = 0$ ist. In diesem Fall besteht der geringste Zuschlag von $Z = 0,4 * S$, also von 40% des Zuschlags ohne Aufrechnungsvereinbarung. Je stärker sich also die Forderungen und Verbindlichkeiten entsprechen, desto niedriger fällt der Zuschlag aus.

---

256 Vgl. *Hull*, Options, Futures and other Derivatives, S. 377 f.
257 Vgl. *C & L Deutsche Revision*, 6. KWG-Novelle und neuer Grundsatz I, S. 316.

C.3 Nettobemessungsgrundlage nach der Standardmethode

$$N = \beta \times \max\left\{CMV - CMC; \sum_j \left|\sum_i RPT_{ji} - \sum_l RPC_{jl}\right| \times F_j\right\}$$

N	Nettobemessungsgrundlage einer Aufrechnungsposition
CMV	Summe der aktuellen Marktwerte der derivativen Adressenausfallrisikopositionen innerhalb der Aufrechnungsposition
CMC	Summe der aktuellen Marktwerte der gestellten und hereingenommenen finanziellen Sicherheiten innerhalb der Aufrechnungsposition
RPT_{ji}	SM-Risikoposition i aus derivativen Adressenausfallrisikopositionen die der Absicherungsgruppe j zugeordnet sind
RPC_{jl}	SM-Risikoposition l aus gestellten sowie hereingenommenen finanziellen Sicherheiten, die der Absicherungsgruppe j zugeordnet sind
F_j	Risikofaktor, der aufgrund der Kategorie nach Spalte 1 der Tabelle 26 der Anlage 1 den in der Absicherungsgruppe j enthaltenen SM-Risikopositionen nach Spalte 2 der Tabelle 26 der Anlage 1 zuzuordnen ist

Formel 2 (Anhang 2, Formel 8 SolvV)

Der Wert der Differenz CMV-CMC stellt den aktuellen Nettomarktwert der derivativen Positionen dar.

Die Summe über j, also $\sum_j \left|\sum_i RPT_{ji} - \sum_l RPC_{jl}\right| \times F_j$, ist die Summe aller aufsichtsrechtlichen Wiederbeschaffungswerte für die einzelnen Aufrechnungspositionen. Dabei werden die einzelnen Risikopositionen mit den Sicherheiten innerhalb einer Aufrechnungsposition mit Hilfe der beiden Summen $\sum_i RPT_{ji}$ und $\sum_l RPC_{jl}$ verrechnet. In diesem Vorgang findet aufgrund der unterschiedlichen Vorzeichen der Risikopositionen auch das Netting statt. Das Ergebnis ist die Höhe der Nettoforderungen (dann mit positivem Vorzeichen) und Nettoverbindlichkeiten (dann mit negativem Vorzeichen) pro Risikokategorie. Da es für das Adressausfallrisiko unerheblich ist, ob sich eine Forderung erhöht oder eine Verbindlichkeit reduziert, solange die Gesamtaufrechnungsposition positiv ist, wird auch das Schwankungsrisiko von Nettoverbindlichkeiten miteinbezogen, indem der Betrag angesetzt wird. Dieser wird dann mit F_j gewichtet, um die Schwankungsintensität der jeweiligen Risikogruppe zu berücksichtigen.

Durch die Verwendung des Maximums wird nur mit dem größeren Wert aus dem erwarteten Wiederbeschaffungswert und dem Nettomarktwert gerechnet. Dieser wird mit dem aufsichtsrechtlichen Korrekturfaktor β multipliziert.

C.4 Herleitung der modifizierten Duration[258]

Die Duration gibt annähernd an, wie sich der Kurs eines Zinsinstrumentes bei einer Zinsänderung entwickelt. Dabei wird zwischen der absoluten Duration und der modifizierten Duration unterschieden. Während erstere die Änderungsbeträge absolut angibt, stellt letztere eine Größe für die relative Änderung dar. Mithin erhält man die modifizierte Duration durch Teilung der absoluten Duration durch den Preis des Derivates: $D_M(r) = \frac{D_A(r)}{P(r)}$. Dabei berechnet sich die absolute Duration nach folgender Formel:

$$D_A(r) = \frac{1}{1+r} \sum_{t=1}^{T} t Z_t (1+r)^{-t},$$

wobei r der Zinssatz und Z_t die Zahlung zum Zeitpunkt t darstellen. Diese Formel gibt die negative Ableitung des Preises eines Zinswertes nach dem Zinssatz an, also ähnlich wie im Fall des Deltas: $D_A(r) = -\frac{\partial P(r)}{\partial r}$.

Zur Verdeutlichung soll das folgende Beispiel dienen: dafür werden drei Zinsinstrumente zugrunde gelegt: ein Bond mit zweijähriger Laufzeit und zweimaliger Zahlung von je 50 Euro am Jahresende, ein Bond mit fünfjähriger Laufzeit und jährlicher Zahlung von 50 Euro und ein Bond mit dreijähriger Laufzeit und einer einmaligen Zahlung am Laufzeitende von 50 Euro. Somit ergibt sich folgender Auszahlungsanspruch im Zeitverlauf:

	t = 1	t = 2	t = 3	t = 4	t = 5
B1	50	50			
B2	50	50	50	50	50
B3			50		

Der aktuelle Preis ergibt sich aus den abgezinsten Einzelzahlungen, sodass bei einem angenommenen Zinssatz von r = 10% der Preis der Instrumente wie folgt aussieht:

$$P_{B1} = \frac{Z_1}{1+r} + \frac{Z_2}{(1+r)^2} = \frac{50}{1+0,1} + \frac{50}{(1+0,1)^2} = 86,77$$

$$P_{B2} = \frac{50}{1+0,1} + \frac{50}{(1+0,1)^2} + \frac{50}{(1+0,1)^3} + \frac{50}{(1+0,1)^4} + \frac{50}{(1+0,1)^5} = 189,54$$

$$P_{B3} = \frac{50}{(1+0,1)^3} = 37,56$$

---

258 Angelehnt an *Albrecht/Maurer*, Investment und Risikomanagement, S. 442 f.

Die Duration errechnet sich mittels der oben angegebenen Formel für die drei Werte als:

$$D_{B1} = \frac{1}{1+0{,}1}(1*50(1+0{,}1)^{-1} + 2*50(1+0{,}1)^{-2}) = 116{,}45$$

$$D_{B2} = \frac{1}{1{,}1}(1*50*1{,}1^{-1} + 2*50*1{,}1^{-2} + 3*50*1{,}1^{-3} + 4*50*1{,}1^{-4} + 5*50*1{,}1^{-5}) = 484{,}21$$

$$D_{B3} = \frac{1}{1{,}1}*3*50*(1+0{,}1)^{-3} = 102{,}45$$

Somit ergibt die modifizierte Duration bei Teilung durch den Preis für B1 = 1,34; für B2 = 2,55 und für B3 = 2,73. Instrumente, deren Zahlungen weiter in der Zukunft liegen (B3 im Vergleich zu B1), sind stärker von Zinsschwankungen betroffen und haben somit auch eine höhere Duration.

Wird der Zinssatz um einen halben Prozentpunkt gehoben, lässt sich der Preis nach der obigen Formel zur Preisberechnung mit r = 0,105 ermitteln oder mit Hilfe der modifizierten Duration durch die Formel $P(r + \Delta r) = P(r) - P(r) * D_B * \Delta r$ annähern:

	B1	B2	B3
Tatsächlicher Preis	86,1981	187,1429	37,0581
Annäherung	86,1946	187,1183	37,0535

Diese Annäherung verdeutlicht, dass die modifizierte Duration gut geeignet ist, die Schwankungssensitivität des Preises bei Zinssatzänderungen zu reflektieren. Allerdings wird die Annäherung für größere Zinssatzänderungen ungenauer.

C.5 Berechnung nach der Internen-Modelle-Methode

Die Nettobemessungsgrundlage ergibt sich nach folgender Formel:

$$Nettobemessungsgrundlage = \alpha \times \sum_{k} Effektiver\ EE_{tk} \times \Delta t_k$$

$Effektiver\ EE_{tk}$ errechnet sich als:

$Effektiver\ EE_{tk} = \max\{Effektiver\ EE_{tk-1}; EE_{tk}\}$, wobei EE_{tk} die nach dem internen Modell errechnete Forderungshöhe aller positiven Aufrechnungspositionen zum Zeitpunkt t darstellt. Das Maximum wird verwendet, um die Risiken aus der Neuaufnahme kurzfristiger Forderungen zu erfassen (ausführliche Darstellung im Text). Die Summe daraus ergibt dann die Gesamtforderungshöhe.

$\Delta t = t_k - t_{k-1}$ stellt das Gewicht der Gesamtforderungshöhe zum Zeitpunkt t dar. Damit wird es dem Institut möglich, verschieden lange Zeiträume zwischen den Zeitpunkten zu lassen, ohne den Durchschnitt zu verzerren.

α ist der regulatorischer Korrekturfaktor. Er wird standardmäßig mit 1,4 angesetzt, kann aber auch vom Institut nach § 223 VII SolvV selbst ermittelt werden. Er muss allerdings immer mindestens 1,2 betragen.

C.6 Laufzeitkorrekturfaktor für Sicherheiten

Der Laufzeitkorrekturfaktor beträgt für Sicherungsinstrumente, deren Restlaufzeit geringer ist als die der abzusichernden Position gem. § 186 SolvV (TP-0,25)/(TS-0,25), andernfalls 1.

TP   die Restlaufzeit des Sicherungsinstruments (§ 182 II SolvV)

TS   die Restlaufzeit der abzusichernden Position, maximal fünf Jahre (§ 182 I SolvV)

Dieser Faktor wird größer, je größer der Unterschied zwischen der Restlaufzeit des Sicherungsinstrumentes und der abzusichernden Position wird und je kürzer die Restlaufzeit insgesamt wird. Damit wird das Risiko aus der Laufzeitinkongruenz reflektiert. Je größer die Differenz zwischen dem Ende der Laufzeit des Sicherungsinstrumentes und der abgesicherten Position ist, desto höher ist auch die Wahrscheinlichkeit, dass der Kreditnehmer in genau diesem Zeitraum ausfällt. Weiterhin wird der unabgesicherte Zeitraum mit geringer werdender Restlaufzeit im Verhältnis zur gesamten Restlaufzeit größer, sodass auch die Wahrscheinlichkeit eines Ausfalls ohne Absicherung relativ zunimmt.

Der Abzug von 0,25 im Zähler und Nenner entspricht der minimalen Restlaufzeit des Sicherungsinstruments von drei Monaten. Demnach reduziert sich der Anrechnungsbetrag für Sicherheiten bis drei Monate vor deren Laufzeitende auf null. Beispielhaft sei dies an folgender Grafik verdeutlicht. Das Sicherungsinstrument hat dabei eine Laufzeit von 3 Jahren und die abgesicherte Position von 4 Jahren.

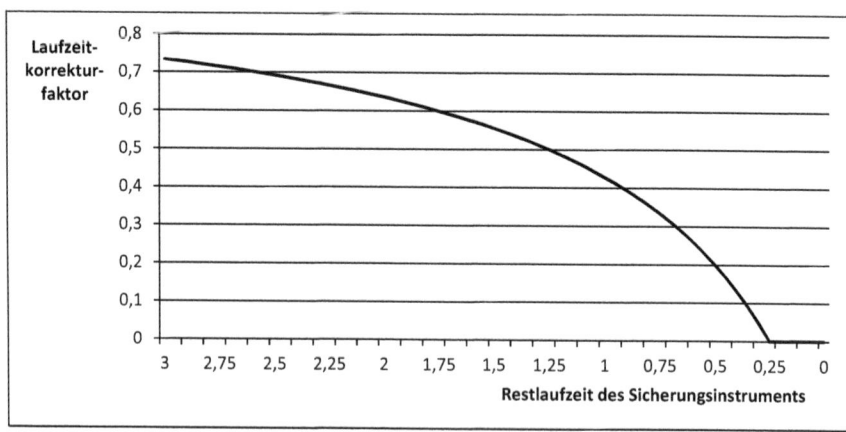

C.7 Währungsschwankungsfaktor für Sicherheiten

Der Währungsschwankungsfaktor (HFX) nach § 189 SolvV ergibt sich aus dem Produkt aus

- dem Währungsschwankungsfaktor aus § 195 SolvV oder § 196 SolvV und
- dem Anpassungsfaktor für nichttägliche Neubewertungen aus § 194 SolvV

Aus folgender Tabelle lässt sich der Währungsschwankungsfaktor nach § 195 SolvV ablesen:

Art des Geschäfts	Liquidationsdauer nach § 193	Währungsschwankungsfaktor
Pensions-, Darlehens- oder vergleichbares Geschäft über Wertpapiere	5 Geschäftstage	$\frac{0,08}{\sqrt{2}} = 0,057$
Andere Kapitalmarkttransaktion mit Sicherheitennachschüssen	10 Geschäftstage	0,08
Sonst	20 Geschäftstage	$0,08 * \sqrt{2} = 0,113$

Diese Formel legt eine Währungsschwankung von 8% für einen Zeitraum von zwei Wochen zugrunde. Da das Schwankungsrisiko nicht linear zunimmt, muss die Anpassung des Zeitraumes mittels der Wurzel vorgenommen werden. Alternativ zu dieser aufsichtsrechtlichen Berechnung kann das Institut diesen Faktor auch nach §§ 196 f. SolvV selber schätzen.

Der Neubewertungsfaktor berechnet sich wie folgt:

$$\sqrt{\frac{(NR-1)+TM}{TM}},$$

wobei NR der Neubewertungsabstand und

TM die Liquidationsauer nach § 193 SolvV darstellt.

Damit wird die verhältnismäßige Verzögerung durch die Neubewertung erfasst. Von NR wird ein Tag abgezogen, da dieser grundsätzlich für die Neubewertung anzusetzen ist und keine Verzögerung darstellt. Die Einbeziehung der Liquidationsdauer ist insofern relevant, als dass eine verzögerte Neubewertung bei einer Liquidationsdauer von fünf Tagen zu einer deutlich stärkeren Risikoerhöhung führt als eine Neubewertung einer Liquidationsdauer von 20 Tagen. Die Wurzel wird wiederum aufgrund des Umstands benötigt, dass das Schwankungsrisiko nicht linear zunimmt.

C.8 Delta-Plus-Methode

Während Delta und Gamma der Annäherung des Optionspreises in Abhängigkeit zu ihrem Basiswert dienen, reflektiert Vega die Änderung des Optionspreises auf eine Änderung in der Volatilität des Basiswertes.
Die Methodik der Solvabilitätsverordnung baut dabei auf dem sogenannten Taylor-Verfahren auf, welches die Änderung einer nichtlinearen Funktion f(x) im Verhältnis zu einer Änderung von x um den Wert h schildert. Dabei wird f(x) als Optionspreis angenommen, x als der Preis des Basiswertes und h als Wertveränderung des Basiswertes. Die Taylorsche Formel lautet:

$$f_{(x_0+h)} = f_{(x_0)} + \frac{f'_{(x_0)}}{1!} * h + \frac{f''_{(x_0)}}{2!} * h^2 + \ldots + \frac{f^n_{(x_0)}}{n!} * h^n$$

Während $\frac{f'_{(x_0)}}{1!} * h$ das Deltarisiko wiederspiegelt, wobei $f'_{(x_0)} = \frac{\partial c}{\partial S} = \Delta$, stellt $\frac{f''_{(x_0)}}{2!} * h^2$ das Gammarisiko dar, wobei $f''_{(x_0)} = \frac{\partial^2 c}{\partial S^2} = \Gamma$. Alle weiteren Summen werden in der SolvV nicht berücksichtigt. Damit lässt sich auch die in § 309 SolvV zugrunde gelegte Formel erläutern, die zur Unterlegung des Gammafaktor-Risikos dient:

$$EM = 0,5 * Gammafaktor\ \Gamma * (Unterlegungssatz * Marktwert_{Basiswert})^2$$

Der Faktor 0,5 ergibt sich aus $\frac{1}{2!}$ und die Klammer (Unterlegungssatz * Marktwert) stellt die von der SolvV vorsichtig geschätzte Worst-Case-Schwankung des Basiswerts und somit h dar.[259] Für den Unterlegungssatz sieht § 309 SolvV dabei verschiedene Pauschalsätze in Abhängigkeit von der Risikokategorie vor.

Nach der Ermittlung dieses Wertes für jedes Optionsgeschäft sind die Geschäfte, die einer Risikoklasse angehören, nach § 309 V zusammenzufassen und anschließend nach § 309 VI die negativen Werte aufzusummieren. Positive Werte bleiben unberücksichtigt, da das Risiko durch die Verwendung von Delta im Wesentlichen im Falle eines negativen Gammas unterschätzt wird.

Für die Errechnung des Unterlegungswertes für das Vegafaktor-Risiko muss dieser zuerst ermittelt werden. Dabei handelt es sich um die Ableitung des Preises nach der Volatilität: $v = \frac{\partial c}{\partial \sigma}$. Die Unterlegung findet dann in Höhe von $v * z * s$ statt, wobei s den Marktpreis des Basiswertes und z eine Änderung der Volatilität um 25% darstellt. Ist die Volatilität des Basiswertes also bei-

---

259   C & L *Deutsche Revision*, 6. KWG-Novelle und neuer Grundsatz I, S. 377.

spielsweise 10%, so ist z = 2,5%. Die SolvV stellt damit auf die relative Änderung der Volatilität ab und nicht auf eine absolute Änderung. Dies ist auch risikogerecht, da die Wertänderung mit steigender Volatilität größer wird.

Die derart ermittelten Anrechnungsbeträge sind dann ebenfalls nach § 309 V SolvV zusammenzufassen und die Absolutwerte zu addieren. Hier werden somit sowohl positive als auch negative Werte erfasst, da eine Veränderung der Volatilität zu Wertveränderungen in beiden Richtungen führen kann.

C.9 Übersicht CAPM

Das Capital Asset Pricing Model (CAPM) entstammt der Portfoliotheorie und dient der Ermittlung der erwarteten risikoadäquaten Rendite (Kurssteigerungen und Dividenden) eines Kapitalmarktinstrumentes. Es basiert dabei auf der theoretischen Annahme, dass jeder Marktteilnehmer ein bestmöglich diversifiziertes Portfolio besitzt, also eines, welches alle verfügbaren Instrumente umfasst. Für ein derartiges Portfolio ist der Ausfall eines einzelnen Instrumentes nahezu irrelevant. Ein signifikantes Risiko besteht nur dann, wenn eine Vielzahl von Instrumenten gleichzeitig ausfällt oder hohe Kursverluste erleidet. Dies könnte beispielsweise auf einen wirtschaftlichen Abschwung zurückzuführen sein.

Für die Bewertung eines Instrumentes ist damit aus Risikogesichtspunkten nur relevant, wie stark sich der Wert mit anderen Werten gemeinsam entwickelt (gemessen durch die Kovarianz). Fällt der Wert des Instrumentes in Situationen, in denen der Wert des gesamten Portfolios fällt (z.B. im Abschwung), so ist dessen Risiko zu beachten. Ist der Wertverlust hingegen von der Gesamtentwicklung unabhängig, so ist das Risiko unbeachtlich. Letzteres Risiko wird dabei als idiosynkratisches oder besonderes Risiko bezeichnet, während ersteres das allgemeine Risiko darstellt.[260]

Für die Eigenmittelunterlegung ist diese Unterscheidung von großer Relevanz. Für die Unterlegung des besonderen Risikos ist die Bonität des Emittenten oder die Entwicklung der einzelnen Rohware relevant. Auch risikomindernde Diversifikationseffekte können hier berücksichtigt werden (beispielsweise für Positionen in Indizes). Das besondere Risiko kann nicht durch eine gegenläufige Position in einem anderen Instrument reduziert werden, sodass das Heranziehen der offenen Nettoposition für die Unterlegung des besonderen Risikos nicht in Frage kommt. Somit wird regelmäßig die Bruttoposition als Be-

---

260 Vgl. *Ross/Westerfield/Jaffe*, Corporate Finance, S. 255 ff.

messungsgrundlage verwendet. Das allgemeine Risiko hingegen kann durch Instrumente, die sich bei Veränderung allgemeiner Marktfaktoren gegenläufig entwickeln, reduziert werden, sodass die Nettoposition typischerweise die richtige Bemessungsgrundlage darstellt.

C.10 Ermittlung anderer Marktrisikopositionen

Die Ermittlung der Eigenmittelunterlegung für andere Marktrisikopositionen ergibt sich nach § 312 VI SolvV aus folgender Formel:

$$Eigenmittel = 7{,}5\sigma + \max\{kMW\ddot{A}_t\}$$

Dabei handelt es sich bei σ um die historische Standardabweichung, also die durchschnittliche Abweichung des Wertes von dem erwarteten Wert, während eines aufsichtsrechtlich vorgegebenen Beobachtungszeitraumes. Die Berechnung erfolgt nach folgender Formel[261]:

$$\sigma = \sqrt{(T_{BZ}-1)^{-1} \sum_{t=0}^{1-T_{BZ}} \left(MW_t - \frac{\sum_{t=0}^{1T_{BZ}} MW_t}{T_{BZ}}\right)^2}$$

wobei MW_t der Marktwert des Portfolios am Tag t innerhalb des Beobachtungszeitraumes ist und T_{BZ} die bankaufsichtsrechtlich vorgegebene basiswertspezifische Anzahl an Tagen, die der Beobachtungszeitraum umfasst.

Bei $kMW\ddot{A}_t$ handelt es sich um die über neun Handelstage (von t-9 bis t) kumulierte absolute Änderung des Marktwertes zum Zeitpunkt t.

Somit findet einerseits eine allgemein große Schwankung bei der Eigenmittelbemessung über σ Berücksichtigung und andererseits vereinzelte größere Sprünge durch den Summanden $\max\{kMW\ddot{A}_t\}$. Eine konservative Ermittlung ist mithin auch in diesem Bereich gewährleistet.

C.11 Eigene Risikomodelle zur Ermittlung des Marktrisikos

Die Ermittlung des Marktrisikos findet gemäß § 314 SolvV nach folgender Formel statt:

$$\begin{aligned}Eigenmittel = &\max\{VaR(99\%, 10 Tage); (3 + X_{Qualitativ} + X_{Backtesting}) \\ &* VaR(99\%, 10 Tage)_{60}\} \\ &+ \max\{stressedVaR(99\%, 10 Tage); (3 + X_{Backtesting}) \\ &* stressedVaR(99\%, 10 Tage)_{60}\}\end{aligned}$$

---

261 Aus Boos- Manns, KWG, § 312 SolvV, Rn. 11.

Der Zeitraum von 10 Tagen wird verwendet, um die aufsichtsrechtlich angenommene durchschnittliche Haltedauer der Finanzinstrumente zu reflektieren. Der aktuelle VaR $[VaR(99\%, 10Tage)]$ wird typischerweise der kleinere Wert sein, da der durchschnittliche historische VaR mindestens mit dem Faktor drei multipliziert wird. Relevanz erlangt der aktuelle VaR insbesondere in Fällen plötzlicher, starker Wertschwankungen der Basiswerte. In allen anderen Fällen wird der mit einem aufsichtsrechtlichen Faktor gewichtete 60-tägige Durchschnitt des VaR herangezogen. Der Faktor reflektiert Unzulänglichkeiten in qualitativer Hinsicht und erhöht sich in dem Fall, dass bei rückwirkender Betrachtung (Backtesting) eine zu niedrige Unterlegung festgestellt wird.[262] Der Faktor drei stellt den konservativsten Faktor dar, der Fehler in der mathematischen Verteilungsfunktion reflektiert.[263]

Im Nachgang der Finanzkrise wurde durch die CRD III eine zusätzliche Unterlegung in Höhe des zweiten Summanden vorgesehen. Die Vorgehensweise entspricht dabei der zuvor dargestellten mit der Ausnahme, dass anstelle der tatsächlichen historischen Werte eine Entwicklung eines Krisenszenarios angenommen wird.[264]

C.12 Monte-Carlo-Simulation

Mit Hilfe einer Monte-Carlo-Simulation lässt sich die Wertentwicklung eines Portfolios vorhersagen. Insbesondere für komplexe, nichtlineare Wertentwicklungen stellt die Methode häufig die einzige Möglichkeit dar, mögliche Kursentwicklungen abzubilden. Dabei werden unterschiedliche Prozesse für die Wertentwicklung bestimmter Basiswerte zugrunde gelegt. Beispiele für derartige Prozesse sind die Brown'sche Bewegung und nicht-stetige Sprungprozesse. Die Monte-Carlo-Simulation bildet auf Basis dieser Prozesse eine zufällig ausgewählte mögliche Entwicklung der Basiswerte ab. Danach werden auf Grundlage dieser zufällig ermittelten Basiswerte die Werte der komplexeren Produkte und letztlich des Gesamtportfolios ermittelt. Wird dieses Vorgehen sehr häufig wiederholt, ergibt sich eine Verteilung des zukünftigen Portfoliowertes. Dies ist vergleichbar mit dem vielfachen Wurf eines Würfels, aus dessen Ergebnis sich die Wahrscheinlichkeit der verschiedenen Augenzahlen ermitteln lässt (je 1/6

---

262 Luz-*Hellstern*, KWG, §§ 294-318, Rn. 95.
263 *Jorion*, Value at Risk, S. 136.
264 *European Banking Authority*, EBA Consultation Paper on the Draft Guidelines on Stressed Value at Risk.

pro Augenzahl). Mit Hilfe dieser Verteilung lässt sich dann der regulatorisch benötigte Erwartungswert und VaR ermitteln.[265]

C.13 Varianz-Kovarianz-Ansatz

Das Varianz-Kovarianz-Modell setzt voraus, dass die dem Portfolio zugrunde liegenden Werte auf eine Normalverteilung zurückgeführt werden können. In diesem Fall lässt sich der Portfoliowert mit Hilfe einer oder mehrerer Normalverteilungen abbilden. Für die Berechnung des VaR wird dann der Wert der Normalverteilung verwendet, der mit 99% Wahrscheinlichkeit nicht überschritten wird, und dafür der Portfoliowert berechnet. Für den Erwartungswert des Portfolios wird der Erwartungswert der Normalverteilung zugrunde gelegt. Der im Vergleich zur Monte-Carlo-Simulation entscheidende Nachteil bei dieser Methode liegt in der Notwendigkeit der Rückführbarkeit auf eine Normalverteilung, die bei komplexen Portfolien typischerweise nicht gegeben ist.[266]

---

[265] Für eine umfassende Einführung vgl. *Theis/Kernbichler*, Grundlagen der Monte Carlo Methoden.

[266] Für eine umfassende Einführung vgl. *Hager*, Cashflow at Risk und Value at Risk im Unternehmen, S. 33 ff.

Literaturverzeichnis

Aberer, Bartle
Verbriefungen in der SolvV, in: Cramme, Gendrisch, Gruber, Hahn, Handbuch Solvabilitätsverordnung, Stuttgart, 2007, S. 183 ff.

Accenture
Basel III Handbook.
[abrufbar unter:
http://www.accenture.com/SiteCollectionDocuments/PDF/Accenture-Basel-III-Handbook.pdf, zuletzt abgerufen am 16.05.2012].

Albrecht, Peter; Maurer, Raimond
Investment und Risikomanagement, 3. Auflage, Stuttgart, 2008.

Artzner, Philippe; Delbaen, Freddy; Eber, Jean-Marc; Heath, David
Coheren Measures of Risk, in: Mathematical Finance, 1999, S. 203 ff.

Assmann, Heinz-Dieter; Schütze, Rolf
Handbuch des Kapitalanlagerechts, 3. Auflage, München, 2007.

Association for Financial Markets in Europe
CRD IV – Counterparty Credit Risk, Briefing Note-11-13, 2011.

Bank for International Settlements
Semiannual OTC derivatives statistics at end-June 2011,
[URL: http://www.bis.org/statistics/otcder/dt1920a.pdf, zuletzt abgerufen: 16.05.2012]

Baseler Ausschuss
Behandlung des potentiellen Engagements aus nicht bilanzwirksamen Positionen, Basel, 1995.

Baseler Ausschuss
Die Anwendbarkeit von Basel II auf Handelsaktivitäten und die Behandlung von Double-Default-Effekten, Basel, 2005.

Beekmann, Frank; Stemper, Peter
Ein Quantifizierungsprozess für Operationelle Risiken unter Verwendung des Advanced Measurement Approach, in: Cramme, Gendrisch, Gruber, Hahn, Handbuch Solvabilitätsverordnung, Stuttgart, 2007, S. 317 ff.

Berg, Stefan
Kreditderivate im deutschen Privatrecht, Franfurt am Main, 2008.

Bieg, Hartmut; Krämer, Gregor; Waschbusch, Gerd
Bankenaufsicht in Theorie und Praxis, 4. Auflage, Frankfurt, 2011.

Bloss, Michael; Ernst, Dietmar, Häcker, Joachim
Derivatives, München, 2008.

Boos, Karl-Heinz; Fischer, Reinfrid; Schulte-Mattler, Hermann
Kreditwesengesetz, 4. Auflage, München, 2012.
zitiert als: Boos- *Autor*, KWG, §, Rn.

Bösch, Martin
Derivate – Verstehen, anwenden und bewerten, München, 2011.

Brösel, Gerrit
Operationelle Risiken im Bankbetrieb, in: WISU, 2004, S. 186 ff.

Bundesanstalt für Finandienstleistungsaufsicht
Merkblatt – Hinweise zur Erlaubnispflicht von Geschäften im Zusammenhang mit Stromhandelskäufen, Bonn/Frankfurt a.M., 2011   zitiert als: BaFin, Merblatt Stromhandel.

Bundesanstalt für Finanzdienstleistungsaufsicht
Begründung über die angemessene Eigenmittelausstattung (Solvabilität) von Instituten – Solvabilitätsverordnung, in: Consbruch et. al., KWG, 3.01a.

Bundesanstalt für Finanzdienstleistungsaufsicht
Referentenentwurf der Bundesanstalt für Finanzdienstleistungsaufsicht, Zweite Verordnung zur weiteren Umsetzung der geänderten Bankenrichtlinie und der geänderten Kapitaladäquanzrichtlinie. [abrufbar unter: http://www.bafin.de/SharedDocs/Downloads/DE/Aufsichtsrecht/ dl_solvv_crd_III_aenderung_und_begruendung_ba.html, zuletzt abgerufen am 16.05.2012]
zitiert als: Bundesanstalt für Finanzdienstleistungsaufsicht, CRD III-ÄnderungsVO, S.

C & L Deutsche Revision
6. KWG-Novelle und neuer Grundsatz I, Frankfurt am Main, 1998.

Chaplin, Geoff
Credit Derivatives, Trading, Investing, and Riskmanagement, 2. Auflage, 2010, West Sussex.

Clouth, Peter
Rechtsfragen der außerbörslichen Finanz-Derivate, München, 2001.

Cluse, Michael
Der Standardansatz für die Kreditrisikounterlegung, in: Deloitte, Basel II, Handbuch zur praktischen Umsetzung des neuen Bankenaufsichtsrechts, Berlin, 2005, S 143 ff.

Cluse, Michael; Stellmacher, Tobias
Die IRB-Ansätze, in: Deloitte, Basel II, Handbuch zur praktischen Umsetzung des neuen Bankenaufsichtsrechts, Berlin, 2005, S 143 ff.

Cramme, Torsten
Behandlung Kreditverivate in GroMiKV, Grundsatz I und Basel II, in: Gruber, Josef; Gruber, Walter; Braun; Hendryk, Praktier-Handbuch Asset-Backed-Securities und Kreditderivate, Stuttgart, 2005, S. 307 ff.

Derleder, Peter; Knops, Kai-Oliver; Bamberger, Heinz Georg
Handbuch zum deutschen und europäischen Bankrecht, Heidelberg, 2004.

Deutsch, Hans-Peter
Derivate und Interne Modelle, 4. Auflage, Stuttgart, 2008.

Deutsche Bundesbank
Die Umsetzung der neuen Eigenkapitalregelungen für Banken in deutsches Recht, in: Monatsbericht Dezember 2006, S. 69 ff.

Deutscher Bundestag
Drucksache 16/4028, Entwurf eines Gesetzes zur Umsetzung der Richtlinie über Märkte für Finanzinstrumente und der Durchführungsrichtlinie der Komission (Finanzmarkt-Richtlinien-Umsetzungsgesetz).

Deutscher Bundestag
Drucksache 17/1952, Entwurf eines Gesetzes zur Vorbeugung gegen missbräuchliche Wertpapier- und Derivategeschäfte.

Diekmann, Hans; Fleischmann, Dermot
Der Verordnungsentwurf der Europäischen Kommission für den OTC-Derivatemarkt, in: WM 2011, S. 1105 ff.

Elton, Edwin; Gruber, Martin; Brown, Stephen; Goetzmann, William
Modern Portfolio Theory and Investment Analysis, New York, 2003.
Europäische Komission
Arbeitsdokument SEK (2010), 1059, Brüssel, 2010.

Europäische Komission
KOM (2010) 484, Vorschlag für eine Verordnung des Europäischen Parlaments und des Rates über OTC-Derivate, zentrale Gegenparteien und Transaktionsregister.

European Banking Association
EBA Consultation Paper on the Draft of Guidelines on Stressed Value at Risk (Stressed VaR), CP 48, London, 2011.

Fachgremium ABS
Behandlung von Kündigungsrechten in Verbriefungstransaktionen, Deutsche Bundesbank, Stand 28.02.2007.

Frederick, Ruth
Proposed regulatory changes on the treatment of over-the-counter derivatives, in: Denton, Practical Derivatives, 2. Auflage, London, 2010, S. 27 ff.

Gehrmann, Volker
Kreditderivate und Garantien in der neuen Baseler Eigenkapitalvereinbarung, in: Becker, Axel; Gaulke, Markus; Wolf, Martin, Praktiker-Handbuch Basel II, Stuttgart, 2005, S. 83 ff.

Gendrisch, Thorsten; Hofmann, Christoph
Die Lehren aus der Finanzmarktkrise.
[abrufbar unter:
http://www.1plusi.de/dokumente/1_plus_i_fachbeitrag_crd_4.pdf, zuletzt abgerufen am 16.05.2012].

Glischke, Thomas; Mach, Peter; Stemmer, Dirk
CVA-Credit Valuation Adjustments, Delloite, White Paper No. 33, 2009.

Gruber, Walter; Raskopf, Roland
Die Behandlung von derivaten Zinsinstrumenten in der Kapitaladäquanzrichtlinie, in: Eller, Handbuch Derivativer Instrumente, 2. Auflage, Stuttgart, 1999, S. 773 ff.

Hager, Peter
Cash Flow at Risk und Value at Risk in Unternehmen, Köln, 2010.

Heitfield, Erik
Using guarantees and credit derivatives to reduce risk capital requirements under the New Basel Capital Accord, in: Gregory, Credit Derivatives – The Definitive Guide, London, 2003, S. 451 ff.

Henke, Sabine; Siwik, Thomas
Einsatz von Kreditderivaten und Garantien, in: Deloitte, Basel II, Handbuch zur praktischen Umsetzung des neuen Bankenaufsichtsrechts, Berlin, 2005, S 143 ff.

Hicks, John Richard
Value and Capital, 2. Auflage, Oxford, 1953.

Hofmann, Bernd
Risikosensitive Ausgestaltung regulatorischer Eigenmittelanforderungen, in: Cramme, Torsten; Gendrisch, Thorsten; Gruber, Walter; Hahn, Ronny; Handbuch Solvabilitätsverordnung, Stuttgart, 2007, S. 98 ff.

Hofmann, Gerhard; Morck, Thomas; Reichardt-Petry, Karin
Die Behandlung von Verbriefungen in Basel und deren Wirkung in der Praxis, in: Hofmann, Gerhard, Basel II und MaRisk, Frankfurt am Main, 2011, S. 207 ff.

Hull, John
Options, Futures and Other Derivatives, 8. Auflage, New Jersey, 2012.

Hull, John
Risk Management and Financial Institutions, 2. Auflage, Boston, 2010.

Jorion, Philippe
Value at Risk, 3. Auflage, New York, 2007.

Keynes, John Maynard
Vom Gelde, 3. Auflage, Berlin, 1983.

Knoll, Bodo
Vom Wert der Blase – Die Funktion der Spekulation in der Martwirtschaft, in: Lenel, Hans Otto; Apolte, Thomas; Fuest, Clemens; Hamm, Walter; Kerber Wolfgang; Leschke Martin; Mestmäcker, Hans-Joachim; Möschel, Wernhard; Molsberger, Josef; Müller, Christian; Oberender, Peter; Pies, Ingo; Sally, Razeen; Schüller, Alfred; Vanberg, Viktor; Watrin, Christian; Wilgerodt, Hans, ORDO – Jahrbuch für die Ordnung von Wirtschaft und Gesellschaft, Stuttgart, 2011.

Kottmann, Alexander; Lotz, Ulrich; Müller, Birgit
Securitisation und Behandlung von ABS-Transaktionen, in: Deloitte, Basel II, Handbuch zur praktischen Umsetzung des neuen Bankenaufsichtsrechts, Berlin, 2005, S 143 ff.

KPMG
Capital Requirement Directive IV (CRD IV), in: KPMG, Newsletter CRD IV, 2011.

Lehmann, Matthias
Finanzinstrumente, Tübingen, 2009.

Leippold, Markus; Jovic, Dean
Das Standardverfahren zur Eigenmittelunterlegung: Analyse der Wahlmöglichkeiten in: Finanzmarkt & Portfolio Management, 1999, S. 260 ff.

Lipke, Isabel
Intransparent, unkontrolliert und krisenfördernd: Der Handel mit Derivaten, in:WEED, Globalisierung von Finanzdienstleistungen, Bonn, 2005, S. 60 ff.

Litten, Rüdiger; Bell, Matthias
Kreditderivate – Neue Dokumentations-Standards als Reaktion auf die globale Finanzmarktkrise, in: WM 2011, S. 1109 ff.

Litten, Rüdiger; Bell, Matthias
Regulierung von Kreditderivaten im Angesicht der globalen Finanzkrise, in: BKR 2011, S. 314 ff.

London, Justin
Modeling Derivatives Applications in Matlab, C++, and Excel, Essex, 2007.

Luz, Günther; Neus, Werner; Schaber, Mathias; Scharpf, Paul; Schneider, Peter; Weber, Max
Kreditwesengesetz – Kommentar zum KWG inklusive SolvV, LiqV, GroMiKV, MaRisk, 2. Auflage, Stuttgart, 2011
zitiert als: Luz- Autor, KWG, §, Rn.

Meyer, Alexander
Big Bang am Markt für Credit Default Swaps, Saarbrücken, 2010.

Möllers, Thomas; Christ, Dominique; Harrer Andreas
Das neue Recht zur Regelung ungedeckter Kreditderivate – Das Gesetz gegen missbräuchliche Wertpapier- und Derivategeschäfte versus europäische Regulierungsvorschläge, in: NZG 2010, S. 1124 ff.

Nagel, Thomas
Couterparty-Credit-Risk im neuen regulatorischen Rahmenwerk von Basel III, in: Ludwig, Martin, Wehn, Kontrahentenrisiko, Stuttgart, 2012, S. 249 ff.

Neubäumer, Renate
Ursachen und Wirkung der Finanzkrise – eine ökonomische Analyse, in: Wirtschaftsdienst – Zeitschrift für Wirtschaftspolitik, 2008, S. 11 ff.

Pykhtin, Michael; Zhu, Steven
Measuring Counterparty Credit Risk for Trading Products under Basel II, in: Ong, The Basel Handbook, 2. Auflage, London, 2007, S. 123 ff.

Reichardt-Petry, Karin
Basel II: Vom Kredit über die kreditrisikomindernden Techniken bis zur Verbriefung, in: Gruber, Josef; Gruber, Walter; Braun; Hendryk, Praktier-Handbuch Asset-Backed-Securities und Kreditderivate, Stuttgart, 2005, S. 349 ff.

Reiner, Günter
Derivative Finanzinstrumente im Recht, Baden-Baden, 2002.

Reinicke, Thorsten
Die Solvabilitätsverordnung, 2. Auflage, Wiesbaden, 2011.

Reinicke, Thorsten
Verordnungen zum KWG, 2. Auflage, Wiesbaden, 2011.

Ricken, Stephan
Verbriefung von Krediten und Forderungen in Deutschland, Düsseldorf, 2008.

Ross, Stephen; Westerfield, Randolph; Jaffe, Jeffrey
Corporate Finance, 8. Auflage, Bosten, 2008.

Schaber, Mathias; Rehm, Kati; Märkl, Helmut
Handbuch strukturierte Finanzinstrumente, Düsseldorf, 2008.

Schimansky, Herbert; Bunte, Hermann-Josef; Lwowski, Hans-Jürgen
Bankrechts-Handbuch, München, 2011.

Schimpfhauser, Alois; Gendrisch, Thorsten
Überblick über die Methoden der Marktrisikomessung mit Standardverfahren, in: Cramme, Gendrisch, Gruber, Hahn, Handbuch Solvabilitätsverordnung, Stuttgart, 2007, S. 253 ff.

Schmidt, Hansjörg
Basel III und CVA aus regulatorischer Sicht, in: Ludwig, Martin, Wehn, Kontrahentenrisiko, Stuttgart, 2012, S. 267 ff.

Schulte-Mattler, Hermann
IRB-Ansatz – das Einmaleins des Ratings im Kreditrisikobereich, in: Die Bank, 2007, S. 59 ff.

Schulte-Mattler, Hermann; Manns, Thorsten
Techniken zur Kreditrisikominderung im Framework von Basel II, in: Becker, Axel; Gaulke, Markus; Wolf, Martin, Praktiker-Handbuch Basel II, Stuttgart, 2005, S. 29 ff.

Schulte-Mattler, Hermann; Traber, Uwe
Marktrisiko und Eigenkapital, Wiesbaden, 1995.

Schwark, Eberhard; Zimmer, Daniel
Kapitalmarktrechtskommentar, Gesetz über den Wertpapierhandel, 4. Auflage, München, 2010 zitiert als: Schwark-Autor, KMRK-WpHG, §, Rn.

Schwennicke, Andreas; Auerbach, Dirk
Kreditwesengesetz, München, 2009. zitiert als: Schwennicke – Autor, KWG, § , Rn.

Steinbrenner, Hans Peter
Professionelle Optionsgeschäfte, Frankfurt, 2001.

Stickelmann, Karsten
Neue aufsichtliche Anforderungen für Marktrisikopositionen, in: Hofmann, Gerhard, Basel II und MaRisk, Frankfurt am Main, 2011, S. 243 ff.

Stickelmann, Karsten; Wehn, Carsten
Neuerungen für Marktrisiken: besondere Kursrisiken und Definition des Handelsbuches, in: Cramme, Gendrisch, Gruber, Hahn, Handbuch Solvabilitätsverordnung, Stuttgart, 2007, S. 293 ff.

Theis, Christian; Kernbichler, Winfried
Grundlagen der Monte Carlo Methoden, 2002.
URL: http://itp.tugraz.at/MML/MonteCarlo/MCIntro.pdf (zuletzt abgerufen am 16.05.2012).

Walkowiak, Anke
Verbriefungen in Basel II, in: Becker, Axel; Gaulke, Markus; Wolf, Martin, Praktiker-Handbuch Basel II, Stuttgart, 2005, S. 133 ff.

Waschbusch, Gerd
Bankenaufsicht, München, 2000.

Weiß, Stefan
Der Kreditrisiko-Standardansatz (KSA), in: Cramme, Torsten; Gendrisch, Thorsten; Gruber, Walter; Hahn, Ronny; Handbuch Solvabilitätsverordnung, Stuttgart, 2007, S. 59 ff.

Zerey, Jean-Claude
Außerbörsliche (OTC) Finanzderivate, Baden-Baden, 2008.

www.ingramcontent.com/pod-product-compliance
Ingram Content Group UK Ltd.
Pitfield, Milton Keynes, MK11 3LW, UK
UKHW021830140426
5217IPUK00021B/1368